科学小百科

大科学家们的 小故事

DA KEXUEJIA MEN DE XIAO GUSHI

东北大学出版社
Northeastern University Press

图书在版编目（CIP）数据

大科学家们的小故事 / 王海娜主编. —沈阳：东北大学出版社，2011.11
　　（科学小百科 / 王海娜主编）
ISBN 978-7-5517-0065-8

Ⅰ. ①大… Ⅱ. ①王… Ⅲ. ①科学家－生平事迹－世界－少儿读物
Ⅳ. ①K816.1-49

中国版本图书馆CIP数据核字(2011)第239937号

内容简介

　　当提到科学家三个字的时候，你首先想到的是谁，牛顿、爱因斯坦还是爱迪生？其实先想到哪个科学家并不重要，因为他们每个人都用他们的聪明智慧为人类社会的发展作出了巨大贡献。本书搜集整理了古今中外几十位著名科学家的故事，从这些故事中，你可以发现科学家的种种优秀品质。借鉴它们，说不定，你也会成为一个科学家哦！

出 版 者：东北大学出版社
　　　　　　地址：沈阳市和平区文化路3号巷11号
　　　　　　邮编：110004
　　　　　　电话：024-83687331（市场部）　83680267（社务室）
　　　　　　传真：024-83680180（市场部）　83680265（社务室）
　　　　　　E-mail：neuph@neupress.com
　　　　　　http://www.neupress.com
印 刷 者：三河市恒彩印务有限公司
发 行 者：东北大学出版社
封面尺寸：170mm×230mm
印　　张：10
字　　数：120千字
出版时间：2011年11月第1版
印刷时间：2015年3月第3次印刷
责任编辑：刘　源　许淑娟
封面设计：陈淑芳　　　　　　　　　　　　　　责任校对：王海娜
版式设计：金色少年　　　　　　　　　　　　　责任出版：唐敏志

ISBN 978-7-5517-0065-8　　　　　　　　　　定价：26.60元

编前语

浩瀚星空，动物世界，植物天地……世间万物万象，变幻多端，奥妙无穷。这一切无时无刻不对我们人类充满着极大的诱惑。而对于具有极强的求知欲和好奇心的小学生来说，这种诱惑势必更加强烈。正是基于这种需求，我们组织权威专家和一线教师编写了这套《科学小百科》丛书。本套书立足于课堂，着眼于课外，系统地收录了小学科学学习的主要内容，涵盖动物、植物、生活、天文、地理、军事、科学家故事、科学小实验等各项内容。

丛书图文并茂、构思新颖、趣味无穷、特点鲜明：

1. 栏目设计合理，充分拓展视野；知识点严格遴选，资料翔实，表述严谨。

2. 吸纳最新科研成果，科学概念清晰，知识体系完备。

3. 注重科学探究，培养实践能力；巧妙引出问题，激发积极思考。

4. 内容生动有趣，图片精心绘制，谋篇布局别出心裁、独具匠心。

目录 MULU

"计算机之父"——诺伊曼

诺伊曼生于匈牙利的布达佩斯。他生活在一个非常富裕的家庭里，从小就显示了在科学方面的才能。他十八岁时就在德国的数学杂志上发表了论文。

1943年起，诺伊曼以顾问的身份参加了美国洛斯阿拉莫斯研究所的工作。

洛斯阿拉莫斯研究所给了诺伊曼许多研究课题。为了解决这些问题，诺伊曼必须进行大量的计算。由于这项工作的需要，他开始设想研制高速度运行的电子计算机。

当时，最先进的计算机是"ENIAC"。这台计算机从1946年开始运转，它有存储能力，但运算时，要用手操作控制板上的开关。每次改变工作内容时，还要将一组新的配线装入机器，教给机器程序，而且机器也很容易发生故障。

42岁时诺伊曼就任普林斯顿高级研究所的计算机研究所所长。此后，他和他的同事们研制出了名为"JONI－AC"的计算机。

在计算机设计上，他们模仿了生物大脑中的某些动作。从此，诺伊曼又开始对神经学进行研究。他从神经学和心理学的角度研究人，进而确立了自动化理论。

1957年2月8日诺依曼因病去世。在电子计算机的漫长的发展历史上，没有哪一个人可以独占发明者的席位。但可以说，诺伊曼是一个为计算机技术的发展作出了伟大贡献的人。

数学家华罗庚

华罗庚是我国著名的数学家，也在国际上享有盛誉。

1946年，华罗庚受邀到美国的大学演讲，美国的伊利诺大学以一万美元的年薪，与他订立了终身教授的聘约。不仅有了小洋楼，学校还特地给他配备了助手，生活十分舒适。

1950年2月，华罗庚毅然放弃了在美国的"阔教授"的待遇，冲破重重封锁回到了祖国。

途经香港时，他写了一封《告留美同学的公开信》，抒发了他献身祖国的热情。他满腔热忱地呼吁："为了国家民族，我们应当回去。""锦城虽乐，不如回故乡；梁园虽好，非久留之地。"这一句话也激励着我国的其他留洋科学家纷纷回国。

法布尔与《昆虫记》

法布尔出生于法国南部的农民家庭，他从小就对乡间的花草和虫鸟非常感兴趣。后来通过自学做了中学教员，由于薪水太过微薄，无法筹备一个实验室，他就去到田野里的葡萄架下，一蹲就是一天，观察飞蝗、泥蜂狩猎；没有设备，他就动用家里的瓶瓶罐罐造一个昆虫园，邀请蝎子、金龟子同居一室。

1879年3月，法布尔倾其所有，在小乡村塞里尼昂附近购得一处老旧的民宅，并且取了个风趣的

雅号——荒石园。在以后的三十余年里，这位"荒石园"主人布衣粗食，全心投入昆虫学研究，撰写出10卷本科学巨著——《昆虫记》。在其朴素的文笔下，一部严肃的学术著作如优美的散文，人们不仅能从中获得知识和思想，而且阅读本身就是一次独特的审美过程。

　　法布尔活到九十二岁，他是世界的骄傲。雨果称他为"昆虫界的荷马"。罗曼·罗兰称他为"掌握田野无数小虫子秘密的语言大师"。法国文学界曾以"科学界的诗人"、"昆虫世界的维吉尔"等称呼他，并推荐法布尔为诺贝尔奖的候选人。遗憾的是，评委们还没来得及作出最后决议，这位科学巨匠便与世长辞了！

"中国现代火箭之父" 钱学森

被誉为"中国现代火箭之父"的钱学森，是著名的航天工程和空气动力专家。

他早年留学美国，在冯·卡门教授的指导下，在火箭研究中取得了重大进展，为反法西斯战争的胜利作出了重大贡献。

钱学森在留美期间被美国麻省理工大学聘为终身教授，1949年，新中国成立的喜讯传到钱学森那里，他想："我是一个中国人，我可以放弃这里的一切，但不能放弃祖国。我应早日回到祖国去，为建设新中国贡献

自己的全部力量。"

　　为了报效新生而落后的祖国，钱学森在美国向其当局正式提出回国申请，但是这一申请并没得到美国政府的同意，反而把钱学森关在了一座孤岛上，一关就是半个月。但是这一切都没有使钱学森放弃回国的念头。

　　通过五年的艰苦斗争，并在周恩来总理的亲切关怀下，钱学森于1955年9月17日踏上了归国的路程。回国后，钱学森为新中国的航天事业跃入世界前列立下了不朽的功勋。

斯蒂芬逊的贡献

火车（指最早出现的蒸汽机车）通常被认为是英国人乔治·斯蒂芬逊发明的。

斯蒂芬逊出生在一个工人家庭中，8岁当牧童，14岁跟着父亲在煤矿当锅炉工的助手。当时英国的煤矿已经广泛使用蒸汽机来抽水。为了掌握蒸汽机的构造、原理、作业和维修，没有文化的斯蒂芬逊从17岁开始报名读夜校，通过自学和钻研，他掌握了蒸汽机车的结构和

性能。由于他才能卓著，被提升为煤矿的总工程师。

1825年9月27日，由他设计制造并亲自驾驶的名为"旅行号"的火车头，拖着12节货运车厢和20节客运车厢，以每小时24千米的速度前进。当车上400多名乘客安全抵达终点时，人们热情欢呼。这就是世界上第一次火车通车典礼。从这一天起，世界上有了能用于交通、运输的机动车——火车，从而开始了世界车辆史和交通史的新纪元。

核物理学家王淦昌

　　王淦昌是我国著名的物理学家。在早年，他为了我国的抗日事业，将自己的全部家产捐献出去，支持中国抗日。

　　在新中国的三年困难时期，国内出现了严重的自然灾害，当时身在苏联的王淦昌十分关心祖国的发展，他将自己省吃俭用节约下来的钱款全部交由中国驻苏大使馆转赠给祖国和人民。

　　1982年，王淦昌又将自己荣获国家自然科学一等奖的奖金三千元全部捐赠。

　　王淦昌是我国优秀的科学家，也是爱国科学家的典范，他的爱国心将永远被祖国、人民铭记。

为国争光的童第周

　　1930年，大学毕业的童第周在亲友们的资助下，来到比利时的首都——布鲁塞尔。在欧洲著名生物学者勃朗歇尔教授的指导下，研究胚胎学。当时，有的外国留学生认为"中国人是弱国的国民"，甚至和他同住的一名外国学生公开说："中国人太笨。"童第周听到后，压抑不住满腔的怒火，对那个外国人说："这样吧，我们来比一比，看谁先取得博士学位。"并在日记中写下了自己的誓言："中国人不是笨人，应该拿出东西来，为我们的民族争光！"

11

　　研究胚胎学，经常要做卵细胞膜的剥除手术，这是一项难度很大的手术，青蛙卵只有小米粒大小，外面紧紧地包着三层像蛋白一样的软膜，因为卵小膜薄，手术只能在显微镜下进行。许多人都失败了，他们一剥开卵膜，就把青蛙卵也给撕破了。只见童第周不慌不忙地走到显微镜前，先用一根钢针在卵上刺了一个小洞，胀得圆滚滚的青蛙卵马上就松弛下来，再用钢镊往两边轻轻一挑，卵膜就从卵上顺利地脱落下来了。整个操作步骤迅速利落。

　　"成功了！成功了！"同学们拥上去祝贺，勃朗歇尔教授抑制不住内心的喜悦，连声称赞："童第周真行！中国人真行！"童第周剥除青蛙卵膜手术的成功，一下子震动了欧洲的生物界。

　　4年之后，童第周取得了博士学位，受到了欧洲生物界的赞扬，他为自己争了口气，也为祖国争了光。

地质学家李四光

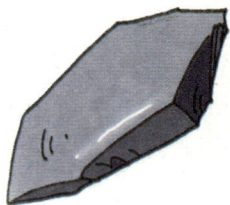

　　李四光是我国著名的地质学家，在伯明翰大学学习的6年里，他专业学习成绩优秀，先后获得了学士学位和博士学位。

　　新中国成立后，李四光放弃国外优厚条件，在百废待兴之际，毅然从英国绕道回国，任职新中国的地质部长，为我国石油事业立下卓越功勋。

　　李四光的最大贡献是创立了地质力学，并分析了中国的地质条件，数据显示中国的陆地一定有石油。1956年，他亲自主持石油普查勘探工作，短时间内先后发现了大庆、胜利、大港、华北、江汉等油田，在国家建设急需能源的时候，雪中送炭这样，不仅摘掉了"中国贫油"的帽子，也使李四光独创的地质力学理论得到了最有力的证明。

13

"一问三不知"的丁肇中

丁肇中是我国著名的物理学家，是获得诺贝尔物理学奖的华裔科学家，丁肇中在面对记者的问题时，经常会以"不知道"的回话回答记者的问题，那么丁肇中是如何用这三个字回答问题的呢？让我们来看一下。

当记者提的是这样一个问题时："我感觉您对自己人生的每一个阶段都有很明确的选择。比方说小时候对科学、对科学家感兴趣；大学的时候，就锁定了要研究物理；然后每做一个实验也是力排众议，自己坚持下来。一个人怎么能够每一次选择都能这么坚定和正确呢？"这位记者想要获得的答案谁心里都明白，因为已经在太多的名人访谈中，这样的问题显然都是为对方作秀进行的铺垫。然而，丁肇中的回答却是："不知道，可能比较侥幸吧！"

　　记者不死心，又追问道："在这里面没有必然吗？"丁肇中依然回答："那我就不知道了。"记者还是不死心："怎么才能让自己今天的选择在日后想起来不会后悔？"丁肇中依然回答："因为我还没有后悔过，所以我真的不知道。"记者无奈："我发现在咱们谈话过程中，您说得最多一个词就是'不知道'。"丁肇中这次作了正面回答："是！不知道的，你是绝对不能说知道的，在科学领域这是绝对不允许的。知道就是知道，不知道的你不要猜。"

　　丁肇中的严谨态度，的确是到了常人不能理解的地步。然而，这就是身为科学大家的丁肇中获得现今成就的关键。

笛卡尔的故事

　　笛卡尔是法国著名的数学家，在笛卡尔之前，几何是几何，代数是代数，它们"各自为政"，互不相扰。但是，传统的几何过分依赖图形和形式演绎，而代数又过分受法则和公式的限制，这一切都制约了数学的发展。

　　一次笛卡尔在荷兰布莱达闲逛，看到大街上贴招贤榜，求解几道数学题，围观的人议论纷纷，可没有一个人能够解答。

招贤榜

笛卡尔揭下此榜，很快就把那几道题做出来了，这使他对自己的数学才能有了自信。从此静下心来研究数学，并开始找寻几何与代数之间的联系。

有一次，笛卡尔生病躺在床上。天花板上，一只小小的蜘蛛从墙角慢慢地爬过来，吐丝结网，忙个不停。从东爬到西，从南爬到北。要结一张网，小蜘蛛该走多少路啊！笛卡尔就开始想如何去算蜘蛛走过的路程。他先把蜘蛛看成一个点，那么

这个点离墙角有多远呢？离墙的两边多远？

昏昏沉沉的他思考着，计算着，病中的他又睡着了。梦中，他好像看见蜘蛛还在爬，离两边墙的距离也是一会儿大些，一会儿小些。他好像悟出了什么，又看到了什么，大梦醒来的笛卡尔茅塞顿开：要是知道蜘蛛和两墙之间的距离关系，不就能确定蜘蛛的位置了吗？确定了位置后，自然就能算出蜘蛛走的距离了。

这就是解析几何学诞生的曙光，众多数学家沿着这条思路前进，几经努力，数学的历史发生了重要的转折，解析几何学最终被建立了起来。

伦琴——我的发现属于全人类

　　1895年9月8日这一天，德国实验物理学家伦琴在实验中发现了一种神秘的辐射线，他称之为"X射线"——X在数学上通常用来代表一个未知数。

　　X射线发现才4天，美国医生就用它找出了病人腿上的子弹。X射线的最著名的应用是在医疗（包括口腔）诊断和放射性治疗，在这种治疗当中，X射线被用来消灭恶性肿瘤或抑制其生长。另外还应用于许多科研领域，从生物到天文，特别是为科学家提供了大量有关原子和分子结构的信息。

商人们蜂拥而至，出高价购买X射线技术。50万，100万……出价越来越高。

伦琴知道，如果这项技术被一家大公司独占，穷人就出不起钱去照X光照片。因此，他没有申请专利。"哪怕是出1000万，"伦琴淡淡地一笑答道，"我也不会卖，我的……

"我的发现属于全人类。但愿这一发现能被全世界科学家所利用。这样，就会更好地服务于人类……"

为了奖赏伦琴在科学上的贡献，巴伐利亚贵族院准备授予他王室勋章及贵族封号。但是伦琴不愿意用贵族来玷污自己的名字，拒绝接受这一封号。

由于他的成就卓越，伦琴荣获首次诺贝尔物理奖。他高兴地受奖，却把高额奖金转赠给沃兹堡大学。

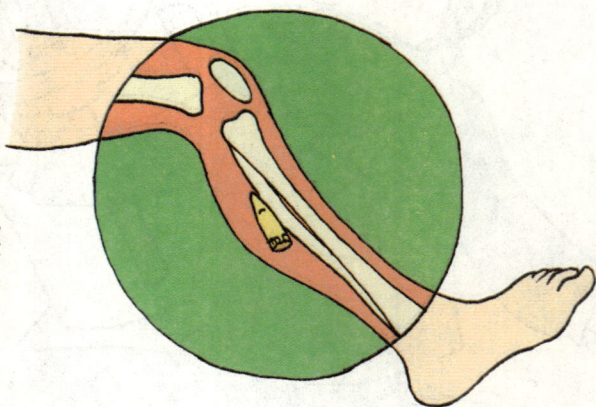

能听懂星星说话的人

　　王绶官是福建省福州人，23岁时，到英国格林威治海军学院留学。他经常到格林威治天文台参观学习，写了很多天文学笔记和对天体物理学有新见解的论文。毕业后，他到伦敦大学天文台工作。

　　1953年，30岁的王绶官回到祖国，担任起在中国建立新学科——射电天文学——的任务，经过20多年的不懈努力，我国的射电天文观测进入到国际先进行列。王绶官被人称为"能听懂星星说话的人"。

"多面手"张衡

　　张衡是一位很有才华的科学家。他的成就涉及天文学、地震学、机械技术、数学乃至文学艺术等许多领域。

　　张衡观测记录了两千五百颗恒星，他的天文著作有《灵宪》和《灵宪图》等，描述了宇宙、天体、日月星辰等知识。为了纪念张衡的成就，人们将月球背面的一座环形山命名为"张衡环形山"，将小行星1802命名为"张衡小行星"。

　　张衡还是我国古代著名的发明家，他制造了世界上第一架

能比较准确地演示天象的"漏水转浑天仪"，第一架测试地震的仪器——候风地动仪，当时可以很好地预测地震。还制造出了指南车、自动记里鼓车、飞行数里的木鸟，等等。

我国著名的作家郭沫若对张衡有很高的评价，他对张衡的评价是："如此全面发展之人物，在世界史中亦属罕见，万祀千龄，令人景仰。"

苏步青的故事

苏步青是我国著名的数学家，他创立的微分几何学在国际上享有盛誉。

小时候苏步青因为家贫无法上学，经常到学校去偷听老师讲课。直到9岁那年，父亲才把他送进学校。

老师不相信一个放牛娃还能

读好书。苏步青暗下决心，刻苦学习。期末考试时，他考了第一名，从那时起一直到大学，每次考试他都是第一名。

17岁时，苏步青到日本留学。为了通过日语考试，他拜房东为师，只用了不到半年的时间，他的日语就讲得流畅自如，并以第一名的成绩被东京高等工业学校录取。

25

药王孙思邈

孙思邈是隋唐之际著名的医学家，也是我国古代最长寿的人之一，据说他活到了100多岁。

孙思邈医德高尚，主张行医不应有贪求财物的私念，对患者要有同情爱护之心，不论贵贱亲疏要一视同仁。

有一次，孙思邈遇到一行人抬着棺材正往前走，他见棺材中有血流出，便上前打听，得知是一位孕妇刚因难产而死。孙

思邈立刻叫人打开棺材，果然发现孕妇还有脉搏，便为其诊治。后来，孕妇不仅苏醒了过来，还顺利产下了婴儿，这件事被广为流传，人们都赞叹孙思邈的医术高明。

孙思邈在古稀之年写成杰出的医学著作《备急千金要方》。后来，又在百岁高龄的时候，完成了《千金翼方》一书。书成第二年孙思邈便离开了人世。

他的医学著作之所以要以"千金"命名，是因为他认为"人命至重，有贵千金，一方济之，德逾于此"。

由于他在中医中药方面的重大贡献，后世尊之为"药王"。

爱国者阿基米德

在阿基米德晚年时，罗马军队入侵叙拉古，阿基米德指导同胞们制造了很多攻击和防御的武器。当侵略军首领马塞勒塞率众攻城时，他设计的投石机把敌人打得哭爹喊娘。他制造的铁爪式起重机，能将敌船提起并倒转，抛至大海深处。传说他还率领叙拉古人民制作了一面大凹镜，将阳光聚焦在靠近的敌船上，使它们焚烧起来。罗马士兵在这频频的

28

打击中已经心惊胆战，草木皆兵，一见到有绳索或木头从城里扔出，他们就惊呼"阿基米德来了"，随之抱头鼠窜。

罗马军队被阻入城外达3年之久。最终，于公元前212年，罗马人趁叙拉古城防务稍有松懈，大举进攻闯入了城市。此时，阿基米德正在潜心研究一道深奥的数学题，一个罗马士兵闯入，用脚践踏他所画的图形，阿基米德愤怒地与之争论，残暴的士兵哪里肯听，只见他举刀一挥，一位璀璨的科学巨星就此陨落。

29

"两弹元勋" 邓稼先

"中国原子弹之父"邓稼先在美国获得博士学位后，美国提供了优厚的待遇，但是，邓稼先并未留恋高官厚禄，他胸怀报国之志，毅然回到了祖国。

在北京外事部门的招待会上，有人问他带了什么回到祖国。

他说："带了几双眼下中国还不能生产的尼龙袜子送给父亲，还带了一脑袋关于原子核的知识。"

中国研制原子弹时，正是三年困难时期，尖端领域的科研人员日夜加班，经常饥肠辘辘。邓稼先想办法从家

人那里节省粮票买来食物，与同事们分享。

邓稼先冒着酷暑严寒，在试验场度过了整整十年的单身生活，有十五次在现场领导核试验。一次，航投试验时出现降落伞事故，原子弹坠地被摔裂。邓稼先深知危险，却一个人抢上前去把摔破的原子弹碎片拿到手里仔细检验，以掌握第一手材料。长期的忘我工作使他的身体受到了严重的辐射，积劳成疾。

1964年10月，中国成功爆炸的第一颗原子弹，由他最后签字确定了设计方案。第一颗氢弹在原子弹爆炸两年零八个月后试验成功。这同美国用7年、法国用8年、苏联用10年的时间相比，创造了世界上最快的速度。

因此，邓稼先被评为我国的"两弹元勋"，是我国伟大的科学家之一。

麦克斯韦的故事

麦克斯韦是世界著名的科学家，他在物理学方面有很大的成就。

麦克斯韦从小就有很强的想象力，爱思考，好提问。有一次，姨妈给麦克斯韦带来一篮苹果，看到苹果后，麦克斯韦就问道："这苹果为什么是红的？"姨妈不知道怎么回答，就叫他去玩吹肥皂泡。

谁知他吹肥皂泡的时候，看到肥皂泡上五彩缤纷的颜色，提的问题反而更多了。上中学的时候，他还提过像"死甲虫为什么不导电"、"活猫和活狗摩擦会生电吗"等问题。父亲很

早就教麦克斯韦学几何和代数。

上中学以后，课本上的数学知识麦克斯韦差不多都会了，因此父亲经常给他开"小灶"，让他带一些难题到学校里去做。

就是凭着这种爱问爱思考的精神，麦克斯韦在从事的电磁理论、分子物理学、统计物理学、光学、力学、弹性理论等方面都取得了重大的成就。尤其是他建立的电磁场理论，首次将电学、磁学、光学统一起来，是19世纪物理学发展的最光辉的成果，是科学史上最伟大的综合之一。

华罗庚小时候的故事

小时候的华罗庚非常聪明，做作业不仅有自己的方法，而且还常常优化解题方法。华罗庚的数学作业，经常有涂改的痕迹，很不整洁，老师开始时非常不满意。后来经过仔细辨别，老师发现华罗庚是在不断改进和简化自己的解题方法。

华罗庚在中学读书时，曾对传统的珠算方法进行了认真思考。他经过分析认为：珠算的加减法难以再简化，但乘法还可以简化。乘法传统打法是"留头法"或"留尾法"，即先将乘法打上算盘，再用被乘数去乘；每用乘数的一位数乘被乘数，则在乘数中将该位数去掉；将乘数用完了，即得最后答案。华罗庚觉得：何不干脆将每次乘出的答数逐次加到算盘上去呢？这样就

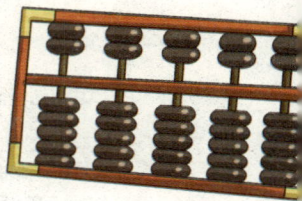

省掉了乘数打上算盘的时间。例如：28×6，先在算盘上打上 2×6=12，再退一位，加上8×6=48，立即得168，只用两步就能得出结果。对于除法，也可以同样化为逐步相减来做。凭着这一点改进，再加上他擅长心算，华罗庚在当时的上海珠算比赛中获得了冠军。

开普勒的故事

约翰内斯·开普勒是德国著名的天文学家，他最伟大的科学成就是发现了行星运动三定律，这一定律又叫做"开普勒定律"。

开普勒自幼体弱多病，眼睛不仅近视而且散光，但他凭借着坚强的意志和自己的聪明才智，如饥似渴地学习着各方面的知识。后来开普勒渐渐喜欢上了天文学，并在这一领域开始研究学习。

新天文学

论火星运动

　　之后，开普勒发表了《新天文学》和《论火星运动》的文章，公布了他研究的两个定律：轨道定律和面积定律，这就是后来的行星运动第一定律和第二定律。

　　后来，开普勒又发现了行星运动的第三定律。为纪念开普勒在天文学上的卓著功绩，科学界将开普勒发现的行星运动三大定律命名为"开普勒定律"。"开普勒定律"的确立使本轮系彻底垮台，行星的复杂运动，立刻失去了全部神秘性。它成了天空世界的"法律"，后世学者尊称开普勒为"天空立法者"。

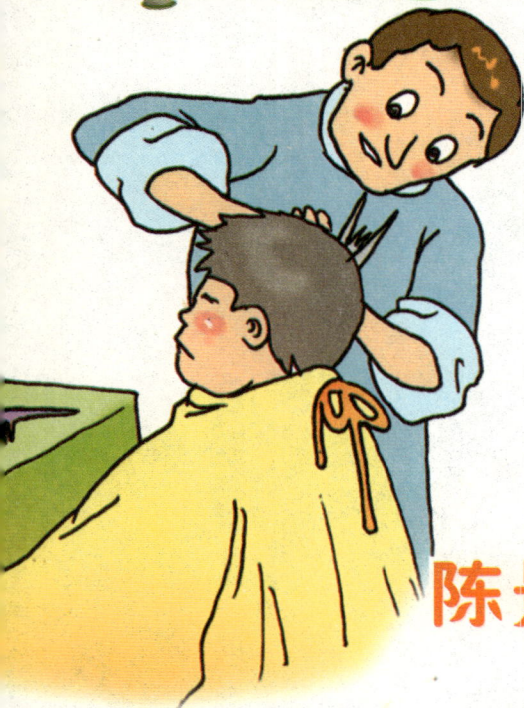

陈景润理发

陈景润是我国著名的数学家。有一天，陈景润吃中饭的时候摸了摸脑袋：哎呀，头发太长了，应该快去理一理，要不，人家看见了，还当自己是个姑娘呢。于是，他放下饭碗，就跑到理发店去了。

理发店里的人很多，大家挨着次序理发。陈景润拿的是38号的小牌子。他想：

轮到我还早着哩。时间是多么宝贵啊，我可不能白白浪费掉。他赶忙走出理发店，找了个安静的地方坐下来，然后从口袋里掏出个小本子，背起外文生字来。

他背了一会儿，忽然想起上午读外文的时候，有个地方没看懂。不懂的东西，一定要把它弄懂，这是陈景润的脾气。他看了看手表，才十二点半。他想：先到图书馆去查一查，再回来理发还来得及。于是站起来就走了。谁知道，他走了不多久，就轮到他理发了。但陈景润正在图书馆里看书，怎么能听见理发员叫他呢？

陈景润在图书馆里把不懂的东西弄懂了，这才高高兴兴地往理发店走去。可是他路过外文阅览室时发现有各式各样的新书，便又跑进去看起书来了，一直看到太阳下山了，他才想起理发的事儿来。不过，这个号码早已作废了。

培根发明眼镜的故事

培根是英国著名的科学家，他发明了人类最早期的眼镜。

13世纪中期，英国学者培根看到许多人因视力不好，不能看清书上的文字，就想发明一种工具来帮助人们提高视力。为此，他想了很多办法，做了不少实验，但都没有成功。

一天雨后，培根来到花园散步，看到蜘蛛网上沾了不少雨珠，他发现透过雨珠看树叶，叶脉被放大了不少，连树叶上细细的毛都能看得见。

他看到这个现象，高兴极了。

后来培根经过不断的改良和制造，制作了早期的眼镜，这种镜片后来经过不断改进，成了现在人们戴的眼镜。光矫正视力的就有青少年用的近视镜与老年人戴的老花镜，还有其他各种用途的眼镜，人们学习、工作就更方便了。培根为人类的文明进步作出了贡献。

蔡伦和造纸术

　　蔡伦是桂阳（今湖南耒阳县）人，于东汉明帝刘庄永平十八年（公元75年），进京城洛阳的皇宫里当了太监，不久，升为"小黄门""中常侍"，后又兼任"尚方令"。

他先是掌管皇宫内院事务，后来成为监制各种御用器物的皇家工场的负责人。

　　平时，蔡伦看皇上每日批阅大量简牍帛书，劳神费力，就时时想着制造一种更简便廉价的书写材料，让天

42

下的文书都变得轻便，易于使用。

　　传说，有一天，蔡伦带着几名小太监出城游玩，正赏景间，忽见溪水中积聚了一簇枯枝，上面挂浮着一层薄薄的白色絮状物，不由眼睛一亮，蹲下身去，用树枝挑起细看。只见这东西扯扯挂挂，犹如丝绵。

　　蔡伦想到工场里制作丝绵时，茧丝漂洗完后，总有一些残絮遗留在篾席上。篾席晾干后，那上面就附着一层由残絮交织成的薄片，揭下来，写字十分方便。蔡伦忽然想，溪中这东西和那残絮十分相似，也不知是什么物件。

　　他立即命小太监找来河旁农夫询问。农夫说："这是涨河时冲下来的树皮、烂麻，扭在一块儿了，又冲又泡，又沤又晒，就成了这烂絮！"

　　"这是什么树皮？"蔡伦急切地问。

　　"那不，岸上的构树呗（学名楮树）！"

蔡伦望去，只见构树生长繁茂，满眼绿色，脸上漾起笑意。

几天后，蔡伦率领几名皇室作坊中的技工来到这里，利用丰富的水源和树木，开始了试制。剥树皮、捣碎、泡烂，再加入沤松的麻缕，制成稀浆，用竹篾捞出薄薄一层晾干，揭下，便造出了最初的纸。

但经试用后，发现纸张薄脆，容易破烂。又将破布、烂渔网捣碎，将制丝时遗留的残絮，掺进浆中，再制成的纸便不容易扯破了。为了加快制纸进度，蔡伦又指挥大家盖起了烘焙房，湿纸上墙烘干，不仅干得快，且纸张平整，大家心里乐开了花。

烘焙房

　　蔡伦挑选出规正的纸张，进献给和帝。和帝试用后龙颜大悦，当天就到陈河谷造纸作坊，查看了造纸过程，回宫后重赏了蔡伦，并诏告天下，推广造纸技术。

　　后来，元初元年（公元114年），邓太后见蔡伦的纸越造越好，能厚能薄，质细有韧性，兼有简牍价廉、缣帛平滑的优点，而无竹木笨重、丝帛昂贵的缺点，真是利国利民，便高兴地封蔡伦为"龙亭侯"，赐地三百户，不久又加封为"长乐太仆"。人们把这种新的书写材料称做"蔡侯纸"。

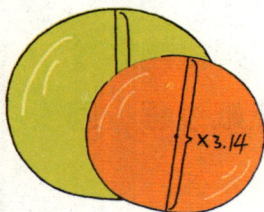

祖冲之与圆周率

祖冲之是我国古代著名的数学家，他在数学上的杰出成就，是关于圆周率的计算。秦汉以前，人们以"径一周三"作为圆周率，这就是"古率"。

后来发现古率误差太大，圆周率应是"圆径一而周三有余"，不过究竟余多少，意见不一。直到三国时期，刘徽提出了计算圆周率的科学方法——"割圆术"，用圆内接正多边形的周长来逼近圆周长。刘徽计算到圆内接96边形，求得 $\pi = 3.14$，并指出，内接正多边形的边数越多，所求得的 π 值越精确。

祖冲之在前人成就的基础上，经过刻苦钻研，反复演算，求出 π 在3.1415926与3.1415927之间。并得出了 π 分数形式的近似值，

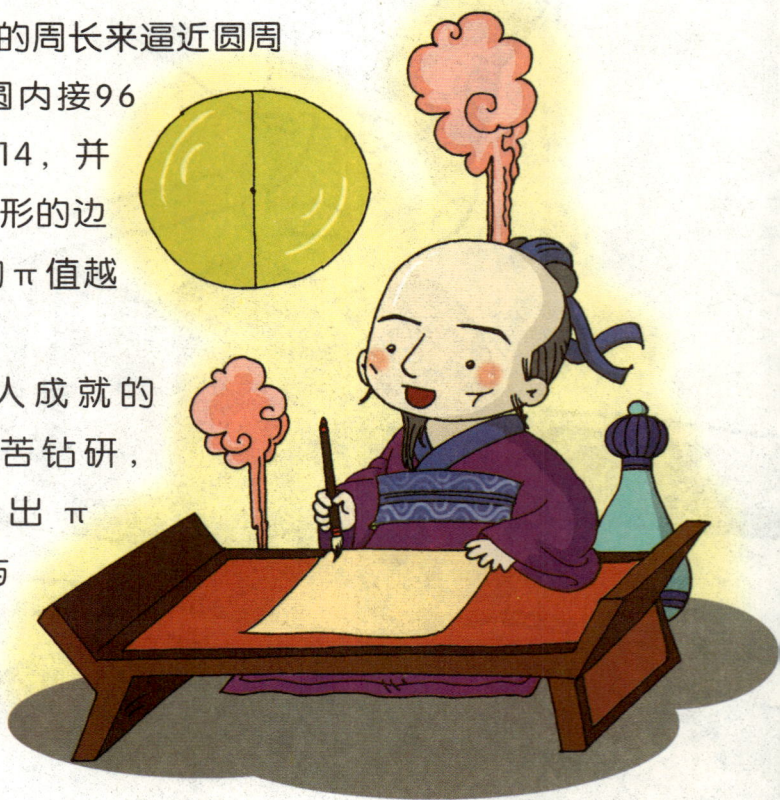

取为约率，取为密率，其中取六位小数是3.141592，它是分子分母在1000以内最接近 π 值的分数。祖冲之究竟用什么方法得出这一结果的，现在已无从考查。

若设想他按刘徽的"割圆术"方法去求的话，就要计算到圆内接16384边形，这需要花费多少时间、付出多么巨大的劳动啊！由此可见他在治学上的顽强毅力和聪明才智是多么令人钦佩。

祖冲之计算得出的密率，外国数学家获得同样结果，已是一千多年以后的事了。为了纪念祖冲之的杰出贡献，有些外国数学史家建议把 π =3.141592叫做"祖率"。

被羞辱的格林尼亚

格林尼亚生于法国西北的瑟堡，父亲是一家造船厂的老板，整天忙于发财，对子女溺爱有余，管教不足。格林尼亚从小游手好闲，整天浪迹街头，不把学习放在心上，成了一个名副其实的公子哥。

　　然而在这个世界上，拥有金钱并不意味着就拥有一切。在一次午宴上，格林尼亚走到出众的美女波多丽面前调情。与以往每次都获得美人心相反的是，他不但没有赢得波多丽的欢心，反而遭到了一番奚落："请你走远一点，我最讨厌像你这样的公子哥在眼前晃荡！"

　　一句充满蔑视的话，如同一把匕首捅在心头。他长期以来呈休眠状的羞耻心一下子惊醒过来。格林尼亚陡然意识到：家庭的富有并非个人的荣耀，要赢得真正的尊重，有赖于用努力去争取。

　　这年格林尼亚21岁，为了摆脱家庭溺爱带来的松懈，他决定换一个生活环境，遂留下一封书信表明心

迹说："请不要打听我的下落，相信通过刻苦学习，我一定会干出些成就来的。"

格林尼亚由瑟堡来到里昂，两年修完耽误的全部课程，取得了里昂大学插班就读的资格。投入校园的生活，他倍加珍惜来之不易的机会，引起了化学权威巴尔的注意。在名师的指点下，他进行了一系列的实验，很快就发明了格氏试剂，被学校破格授予博士学位。这一消息轰动了法国，也让格林尼亚的父亲备觉欣慰。

又通过四年的辛劳，格林尼亚取得了卓越的成绩，1912年被授予诺贝尔化学奖。波多丽得知这一喜讯，在病榻上提笔给他写了一封贺信："我永远敬爱你！"就这么一句话，让格林尼亚激动万分。他永远感激这位美女当初对他近乎侮辱的训斥。

"中国两弹之父" 钱三强

　　钱三强是我国著名的物理学家，是我国原子能科学事业的创始人，曾被小居里夫妇称为是"最优秀的科研人员"。

　　抗战结束后，钱三强和夫人何泽慧提出回国，但是这一想法却受到了重重阻拦，并受到了国民党特务的威胁。

　　钱三强不顾个人安危，置生死于不顾，与夫人抱着刚刚半岁的女儿，果断而机智地回到祖国的怀抱，为发展我国原子能事业作出了重大贡献，被誉为"中国原子能科学之父"。

鲁班造锯子

鲁班是我国古代著名的发明家。他发明了锯子，是我国木匠的始祖。

传说，有一年鲁班接受了一项重大任务 —— 建筑一座大宫殿。这需要很多木料，但是工程限期很紧。

鲁班的徒弟们每天都上山砍伐木材，但是当时还没有锯子，只能用斧子砍，效率很低，尽管徒弟们每天累得精疲力尽，但是木料还是远远不能满足需要。

那时，完成不了奴隶主的任务是要受重罚的，鲁班心里非常着急，就亲自上山察看。上山的时候，一

不小心，手被山上的一种野草划破了。鲁班感到很奇怪，小小的一棵草为什么这样锋利？他把草摘下来细心观察，发现草两边都长有许多小细齿，他的手就是被这些小齿划破的。既然小草的齿可以划破手，那带有很多小齿的铁条应该可以锯断大树吧？

于是，鲁班根据这个想法做出了世界上的第一把锯子——一根带有许多小齿的铁条，锯树果然又快又省力，锯子就这样被发明出来了。

费米思维的故事

费米是一位美籍意大利科学家，也是一位善于启发人的教育家。为了开发学生们的智力和才能，费米提出一种处理难题的思维方式。他说，当你听到一个问题，可你对问题的答案丝毫都不知道，你肯定会认为所提供的信息或已知条件太少了，因而无法解决它；但是当这个问题被分解成几个次级问题，每个问题不用求教专家或书本都能解答时，你就接近

于得到准确的答案了。

　　比如，你想知道地球周围的大气质量是多少，这个问题处理起来好像无从下手，但是稍有物理知识的人都知道一个标准大气压约为101325帕，大气有压强完全是因为大气有重力，而地球的半径约为6400千米是我们熟悉的物理量，求出地球的表面积后再乘以大气的总重力，进而顺利地得到地球上空气的总质量。

　　循序渐进，由易至难，独立思考，迅速得出结论，是费米处理问题的方式，这种思维方式可以帮助我们解决很多日常问题。

不及格的孟德尔

孟德尔是奥地利著名的生物学家。年轻时的孟德尔是一名非常聪明的学生，他的理想是成为一名教师，但家境的贫寒让他无法继续深造。

修道院院长为他另找了份工作，派他到当地的一所学校去当代课教师。

孟德尔非常喜欢这项工作，也干得非常出色。他决定实现

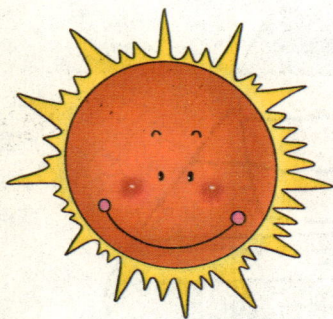

儿时的理想，去维也纳参加国家考试成为一名正式的教师。可惜，由于缺乏自然科学的知识，他没能通过考试。

回到修道院，孟德尔继续当了五年备受欢迎的教师，并到维也纳大学进修自然科学，经过两年时间的准备，他再次参加了教师考试。最后考植物学时，孟德尔出生在农村，他认为自己非常熟悉植物，对植物学教授的一些看法产生了异议，结果是考试植物学不及格。他的教师之梦破灭了。

但是孟德尔坚持认为自己是正确的，而植物学教授是错误的。他要证明这一点。回到修道院，他说服修道院院长在花园中划给他一块地方做植物的杂交实验。通过多次的实验和研究，孟德尔解析了遗传学，并被称为"遗传学之父"。

数学王子高斯

高斯是德国著名的大科学家，他是一对普通夫妇的儿子。他的母亲是一个贫穷石匠的女儿，虽然十分聪明，却没有接受过教育，近似于文盲。

$$1+2+3+4+5+6+7+8+9+10$$
$$1+2+3+4+6+6+7+8+9+10$$
$$11+12+13+14+15+16\cdots+100$$

他最出名的故事就是在他10岁时，小学老师出了一道算术难题，计算：$1+2+3+\cdots+100=?$

　　这下可难倒了刚学数学的小朋友们，他们按照题目的要求，正把数字一个一个地相加。可这时，却传来了高斯的声音："老师，我已经算好了！"

　　老师很吃惊，高斯解释道：因为

　　$1 + 100 = 101$，$2 + 99 = 101$，$3 + 98 = 101$……$49 + 52 = 101$，$50 + 51 = 101$，而像这样的等于101的组合一共有50组，所以答案很快就可以求出：$101 \times 50 = 5050$。

郭守敬《授时历》

郭守敬是我国元代的天文学家，水利专家。

他的一生有许多的发明创造，郭守敬先后制造了简仪、高表、仰仪、正方案等近20种天文仪器，很多仪器其设计的科学性和使用的准确性，在当时世界上处于领先地位。大大提高了观测精度，对元、明时期天文研究的影响极为深远。

郭守敬还曾领导开展了全国范围的天文测量，根据观测的结果，制订了准确精密的新历法《授时历》。

这部新历法设定一年为365.2425天，与地球绕太阳一周的实际运行时间只差26秒。国际天文学会组织将美国在月球上发现的一座环形山和太阳系国际编号为2012的小行星，均以郭守敬的名字进行了命名。

科学家沈括

沈括是我国宋代著名的科学家。沈括的科学贡献遍及天文、数学、物理、地质、气象、生物、医学等各领域。

沈括的著作主要是《梦溪笔谈》，《梦溪笔谈》全面总结了宋朝以前我国的科学技术成就，在世界上享有极高声誉。

在数学上，沈括发明了"隙积术"和"会圆术"。"隙积术"比国外计算高阶等差级数的公式早五百多年；"会圆术"为我国球面三角学的发展奠定了基础。不仅如此，沈括还发现了地磁有偏角现象，这比哥伦布1492年横渡大西洋时"首次"发现磁偏角现象要早四百多年。

著名的李约瑟教授称，沈括是中国整部科学史中最卓越的人物，赞许他的《梦溪笔谈》是中国科学史上里程碑式的著作。

天文学家伽利略

意大利著名的物理学家、天文学家伽利略是一个勤于思考的人。他对生活中的小事情十分关注，十分注重细节的研究。

伽利略是个天主教徒。有一天，他到比萨教堂去做礼拜，突然，一阵风吹来，使吊灯不停地在半空摆动。这时伽利略发现，不论吊灯摆动的幅度是大还是小，它们摆动的时间总是相等的。又一阵风吹来，伽利略惊奇地发现：吊灯摆动一周的时间与摆

动的幅度大小无关。

伽利略回到家找来一根绳子，吊上重物，变换着方式，让它摆动。

于是，他再次发现：摆动一次所用的时间，跟物体的重量没有关系，而和摆长有关系。就是这样，伽利略总是对一些简单而细微的问题抓住不放，使他的科学研究有了更进一步的成果。

多才的高斯

高斯被称为"数学王子"，很多同学也只是知道他在数学方面的才华，殊不知高斯是一个多才的科学家。

在物理学方面，高斯与德国物理学家韦伯合作，一起建立了电磁学中的单位制，并于1833年首创了电磁铁电报机。

高斯还在库仑定律的基础上，提出了"高斯定律"，它是静电作用的基本定律之一。

在测地学方面，高斯发明了"日光反射器"，并写出了《对高等大地测量学对象的研究》一书。为了研究地球表面，1822年他在地图投影中采用了等角法，

1827年写出了《曲面的一般研究》一书。

高斯还发表了地磁理论，绘出了世界上第一张地球磁场图，写出了磁南极和磁北极的位置。

高斯在如此众多领域，取得了如此重大的成果。可是他从不把自己看成是伟人，他认为配做大事的伟人，每一项研究都须自己亲手从最基础的事情做起。更值得一提的是，高斯还具有认真严谨的治学精神。他不管做什么工作，都力求认真，反复琢磨，以达到尽善尽美。所以高斯有许多伟大的发现，是在他逝世后人们在他的日记遗稿中才得知的。

高斯逝世后，他以其对数学和其他领域的卓越贡献，赢得了同代人的广泛尊敬。一位数学家用这样的语言赞誉高斯的地位："如果我们把18世纪的数学家想象为一系列的高山峻岭，那么最后一个使人肃然起敬的峰巅便是高斯。"

伊雷娜·约里奥·居里

伊雷娜·约里奥·居里是居里夫人的女儿。在居里夫人去世前，她欣慰地看到了自己的女儿伊雷娜接过了继续研究放射性的接力棒，但她却没能看到女儿和女婿弗雷德里克·约里奥在她去世一年后因发现新的人造放射性元素而双双获得诺贝尔化学奖。

伊雷娜曾是母亲的助手，在工作中她结识了弗雷德里克·约里奥，尽管两人性格不同，却组成了一个幸福美满的家庭。婚后，他们像居里夫妇一样开始了

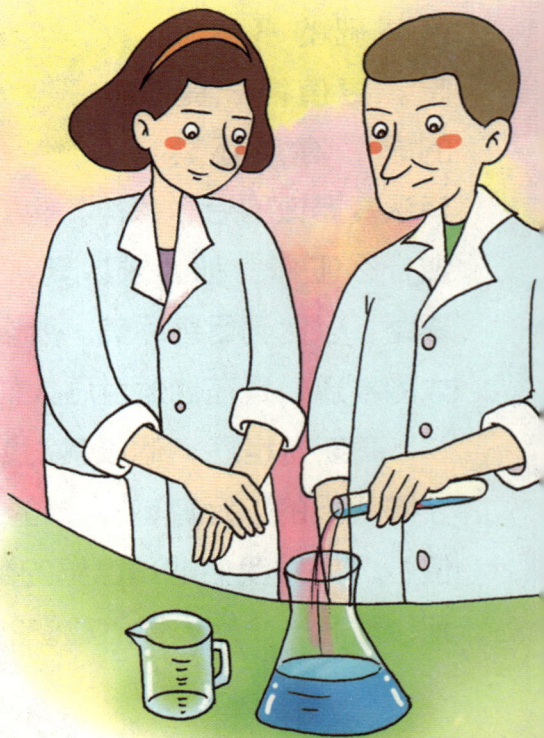

共同的科学研究。

　　伊雷娜在获得诺贝尔奖后，开始逐渐涉足政治，并担任过法国社会党莱昂·布鲁姆政府的国务次长，负责科研工作。48岁时，伊雷娜被任命为由其母亲创建的巴黎大学镭研究所所长。几年后，当世界政治陷入冷战时期后，约里奥夫妇先后被左派政治力量驱逐出法国原子能专署。但这却没能阻止伊雷娜参加各种和平运动。

　　伊雷娜的研究不仅可作为物理学的里程碑，还对医学和生物学产生了诸多重要影响。

天文学家哥白尼

哥白尼是波兰的天文学家，沃德卡是哥白尼少年时期最敬重的一位老师。

一天，哥白尼在沃德卡家书架上看到一本书，打开一看，老师在折了角的地方写了一条批注："圣诞节晚上，火星和土星排成一种特殊的角度，预示着匈牙利的皇上有很大的灾难。"

哥白尼认真地问老师："火星也好，土星也好，都是天上的星星，它们与皇上毫无关系，怎么能预示它的祸福呢？"

"怎么不能呢？"沃德卡回答，"命星决定一切！"

哥白尼反驳说："如果是这样，那人还有没有意志？如果有，人的意志和天上的星星又有什么关系？"

　　沃德卡并没有生气，他对哥白尼说："孩子，天命决定一切，这是几千年以来流传的学说，至于你提的问题，也很有道理。但我没有能力回答你。你以后可以研究探索它的问题。"

　　老师的希望，不久就变成了现实。几十年后，哥白尼创立了"太阳中心说"的伟大理论，宣告了"天命论"的彻底终结。

天命记

女科学家居里夫人

　　玛丽·居里（居里夫人）是法籍波兰物理学家、化学家。她是科学史上的一位女巨人，也是唯一一个两次获得诺贝尔奖的科学家。

　　1898年法国物理学家贝可勒尔发现含铀矿物能放射出一种神秘射线，但未能揭示出这种射线的奥秘。玛丽和她的丈夫皮埃尔·居里共同承担了研究这种射线的工作。他们在极其困难的条件下，对沥青铀矿进行分离和分析，终于在1898年7月和12月先后发现了两种新元素。为了纪念她的祖国波兰，她将一种元素命名为钋，另一

70

种元素命名为镭，意思是"赋予放射性的物质"。

　　为了制得纯净的镭化合物，居里夫人又历时四载，从数以吨计的沥青铀矿的矿渣中提炼出100毫克氯化镭，并初步测量出镭的相对原子质量是225。这个简单的数字中凝聚着居里夫妇的心血和汗水。

　　1903年6月，居里夫人以《放射性物质的研究》作为博士答辩论文获得巴黎大学物理学博士学位。同年11月，居里夫妇被英国皇家学会授予戴维金质奖

章。12月，他们又与贝可勒尔共获1903年诺贝尔物理学奖。

　　1906年，皮埃尔·居里遭遇车祸去世。这一沉重的打击并没有使居里夫人放弃执著的追求，她强忍悲痛加倍努力地去完成他们挚爱的科学事业。1910年，她的名著《论放射性》一书出版。同年，她与别人合作分析纯金属镭，并测出它的性质。她还测定了氧及其他元素的半衰期，发表了一系列关于放射性的重要论著。

　　鉴于上述重大成就，1911年她又获得了诺贝尔化学奖，成为历史上第一位两次获得诺贝尔奖的伟大科学家。

物理学家周培源

　　周培源是我国当代著名的物理学家，曾在1945年受邀参加美国战时科学研究与发展局的研究工作。

　　伴随第二次世界大战的结束，美国海军部成立了海军军工试验站，并希望周培源到该站工作，待遇甚优。但海军部是美国的政府部门，在海军部所属单位任职便成为美国政府的公务员，外籍人员须加入美国国籍才能参加。

　　周培源当即向美方提出三个条件：第一，不加入美国籍；第二，只承担临时性的研究任务；第三，可以随时离去。后来，得知祖国建设急需要人才，周培源毅然带着妻儿离开美国回到了祖国的怀抱，参加到中国的科学事业研究中，为我国的科技发展作出了重大贡献。

法拉第的故事

　　法拉第是英国著名的物理学家，他家境十分贫寒，但很珍惜来之不易的学习机会，并把平时做的一些研究也记录下来。

　　一个偶然的机会，英国皇家学会会员丹斯来到印刷厂校对他的著作，无意中发现法拉第的手抄本。当他知道这是一位装订学徒记的笔记时，大吃一惊，于是丹斯送给法拉第皇家学院的听讲券。

　　后来，法拉第在丹斯的介绍下，成为了当

时著名的化学家戴维的助手，并跟随戴维进行了一年半的欧洲学习之旅。

回国以后，法拉第开始独立进行科学研究。不久，他发现了电磁感应现象。1834年，他发现了电解定律，震动了科学界。这一定律，被命名为"法拉第电解定律"。

法拉第依靠刻苦自学，从一个连小学都没念过的装订图书学徒工，跨入了世界第一流科学家的行列。恩格斯曾称赞法拉第是"到现在为止最大的电学家"。

1867年8月25日，法拉第坐在他的书房里看书时逝世，终年76岁。由于他对电化学的巨大贡献，人们用他的姓——"法拉第"，作为电量的单位。

弗莱明与青霉素

弗莱明出生在苏格兰的亚尔郡，是家里8个孩子中最小的。由于家道中落，他不能完成高等教育，16岁便出来谋生。在20岁那年，他继承了姑母的一笔遗产，才得以继续学业。25岁医学院毕业之后，他便一直从事医学研究工作。

弗莱明是一个脚踏实地的人。他不尚空谈，只知默默地工作。起初人们并不重视他。他在伦敦圣玛丽医院实验室工作时，那里许多人当面叫他小弗莱，背后则嘲笑他，给他起了一个外号叫"苏格兰老古董"。

有一天，实验室主任主持例行的业务讨论会。一些实验工作人员口若悬河，哗众取宠，唯独弗莱明一直沉默不语。

主任转过头来问道："小弗莱，你有什么看法？"

"做。"弗莱明只说了一个字。他的意思是说，与其这样不着边际

地夸夸其谈，不如立即恢复实验。到了下午五点钟，主任又问他："小弗莱，你现在有什么意见要发表吗？""茶。"原来，喝茶的时间到了。

这一天，弗莱明在实验室里就只说了这两个字。他像往日那样细心地观察培养葡萄球细菌的玻璃罐。

"唉，罐里又跑进去绿色的霉！"弗莱明皱了皱眉头。

"奇怪，绿色霉的周围，怎么没有葡萄球细菌呢？难道它能阻止细菌的生长和繁殖？"细心的弗莱明没有放过这个可疑的现象，苦苦地思索下去。

他进行了一番研究，证实这种绿色霉是杀菌的有效物质。他给这种物质起了个名字：青霉素。有了这个发现，人类又从死神的手里夺回了许多生命。

爱因斯坦的故事

爱因斯坦是当代的物理学家，提出了广义相对论和狭义相对论，被誉为20世纪最伟大的物理学家。

有一年，比利时王后邀请他去访问。为了迎接他，专门成立了一个欢迎委员会，准备到车站隆重地迎接他。

火车到站后爱因斯坦避开欢迎的人群，拎着一只小皮箱，徒步向

王宫走去。欢迎的人们一直等到旅客走光，也没迎接到爱因斯坦，只好向王后报告情况。

王后吩咐大家分头去寻找。欢迎委员会的人马上分散行动，最后在熙熙攘攘的人群中发现了头发灰白、蓬乱的爱因斯坦，他们只得和爱因斯坦一起步行到王宫。

比利时王后惊奇地问："您为什么不乘我派去接您的车子呢？"爱因斯坦微笑着回答："我觉得这样步行比乘车愉快得多。"

这位20世纪最伟大的科学家，是多么的低调和谦逊。

多萝西·克劳福特与胰岛素

多萝西·克劳福特·霍奇金是埃及著名的科学家，她运用新的X光技术和世界上第一批电脑发现了胰岛素、青霉素和维生素B12的分子结构。

多萝西·克劳福特出生于开罗，父亲是一名考古学家，母亲则是杰出的植物学家。多萝西与姐姐在英国接受教育，并获得了牛津大学萨默维尔学院化学学士学位。

在一次乘火车的旅行中，她结识了伯纳尔教授，并跟随他到剑桥大学进行研究工作。他们共同发现，蛋白质晶体必须在半湿润状态下，而不是干燥状态下加以研究，这一成果可谓大分子晶体学的里程碑，并

为生物学及其在医药领域的运用开辟了光辉道路。

　　随后，她又返回牛津大学继续研究。她开始进行胆固醇及其他生物分子的鉴定工作，例如胰岛素。之后她便涉足令许多科学家为之着迷的青霉素的研究。1945年，多萝西发现了青霉素的分子结构。

　　她的又一重大发现是分析出了对白血球和红血球生成至关重要的维生素B12的结构。也是由于这一重大发现，多萝西在1964年被授予诺贝尔化学奖。

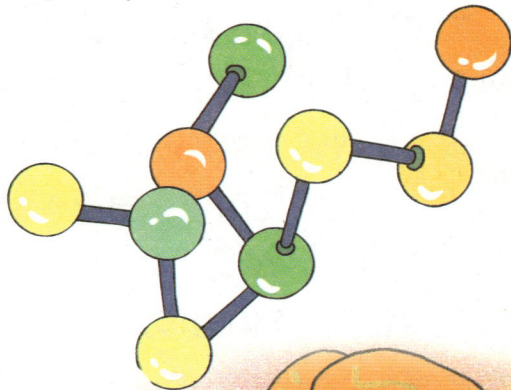

焦耳的故事

英国著名科学家焦耳从小就很喜爱物理学，他常常自己动手做一些关于电、热之类的实验。

有一年放假，焦耳和哥哥一起到郊外旅游。他找了一匹瘸腿的马，由他哥哥牵着，自己悄悄躲在后面，用伏特电池将电流通到马身上，想试一试动物在受到电流刺激后的反应。结果，他想看到的反应出现了，马受到电击后狂跳起来，差一点把哥哥踢伤。

　　尽管已经出现了危险，但这丝毫没有影响到小焦耳的情绪。他和哥哥又划着船来到群山环绕的湖上，焦耳想在这里试一试回声有多大。他们在火枪里塞满了火药，然后扣动扳机。谁知"砰"的一声，从枪口里喷出一条长长的火苗，烧光了焦耳的眉毛，还险些把哥哥吓得掉进湖里。

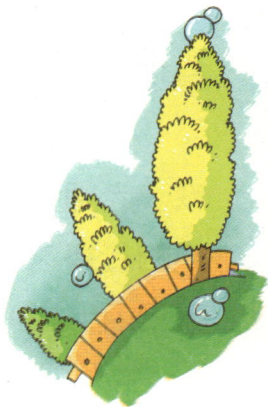

　　这时，天空浓云密布、电闪雷鸣，刚想上岸躲雨的焦耳发现，每次闪电过后好一会儿才能听见轰隆的雷声，这是怎么回事？

焦耳顾不得躲雨，拉着哥哥爬上一个山头，用怀表认真记录了每次闪电到雷鸣之间相隔的时间。

开学后焦耳把自己做的实验都告诉了老师，并向老师请教。老师望着勤学好问的焦耳笑了，耐心地为他讲解："光和声的传播速度是不一样的，光速快而声速慢，所以人们总是先看见闪电才听到雷声，而实际上闪电和雷鸣是同时发生的。"

焦耳听了恍然大悟。从此，他对学习科学知识更加入迷。通过不断的学习和认真的观察计算，他终于发现了热功当量和能量守恒定律，成为一名出色的科学家。焦耳一生都在从事实验研究工作，在电磁学、热学、气体分子动理论等方面均作出了卓越的贡献。他是靠自学成为物理学家的。

84

诺贝尔奖的由来

诺贝尔是世界著名的化学家。有一次，诺贝尔正在实验室忘我地工作，他的哥哥来找他，对他说："诺贝尔，我正在整理我们家族的家谱，你是闻名世界的人物，没有你的自传怎么行呢？你写份自传吧。"

"哥哥，不用吧。"诺贝尔说道。

"那怎么行呢？"诺贝尔的哥哥劝说道，"弟弟，你写自传并不是为你自己，而是为我们家族呀！"

　　诺贝尔还是不同意，他哥哥就反复劝说，最后，甚至是哀求了："弟弟，你是怕耽误你的时间吗?如果那样，你就说说，我来记录、整理吧。"

　　"我实难从命。"诺贝尔态度谦逊，但语气坚定地说，"我不能写自传，在宇宙旋涡中有恒河沙粒那么多的星球，而无足轻重的我们，有什么值得写的！"

　　原来如此！他认为自己做的一切只是为人类该做的一点点事而已，为什么要拿对人类的一点点贡献去换取荣誉呢？因此，他始终不答应。诺贝尔的哥哥只好叹息着走了。诺贝尔又开始埋头做起实验来。

　　诺贝尔的遗嘱，是他理想的精华，心血的结晶。虽然他身拥巨富，却不愿把财产分配给亲友们。他认为：大宗财产是阻滞人类才能的祸害，凡拥有财富的人，只应给子女留下必须的教育费用，如果留下过多的钱财，那是奖励懒惰，使他们不能发展自己的才干。

　　因此，他不顾亲友们的反对，决定用自己的全部财产，设立诺贝尔奖金，奖励当代的世界精英。这就是诺贝尔奖的由来。

莱特兄弟的故事

莱特兄弟是美国著名的飞行家，他们制造了世界上第一架动力飞机。

一天，出差回来的父亲给莱特兄弟带来一件礼物：一个会飞的蝴蝶玩具。父亲轻轻地给玩具上了上弦，蝴蝶便在空中飞舞起来。莱特兄弟非常开心，但是他们觉得它飞得不够远，于是仿造玩具的样子又做了几个更大一些的。这些仿制品有的能够飞越树梢，有的飞了几十米远，这样便激起了兄弟俩制造飞机的念头。

后来，莱特兄弟开了一家自行车铺。虽然生意很好，但兄弟二人不愿意终生与这些零件打交道，他们决定实现自己童年时期的梦想。

经过很长时间的研究和制作，他们的第一架滑翔机终于可以试飞了。但是，飞机只能勉强升空而且很不稳定。

莱特兄弟经过认真的分析明白了其中的缘由，并纠正了其中的错误，通过两兄弟的不断努力和改良，他们终于设计出一种性能优良的发动机和高效率的螺旋桨，然后成功地用各个部件组装成了世界上第一架动力飞机。

孵小鸡的爱迪生

爱迪生是世界上最伟大的发明家之一，被誉为"发明大王"。他一生的发明有一千多项，其中最著名的有电灯泡、留声机等。

爱迪生从小就是个爱问"为什么"的孩子。在爱迪生六岁时，一天早饭后，妈妈正在做针线活儿，爱迪生"咚"的一下撞开了门，连跳带蹦跑了进来，吓得妈妈把手都扎了。

爱迪生气喘吁吁地问："妈妈，大母鸡趴在鸡蛋上做什么呀？"

妈妈笑着说："那是母鸡在孵小鸡呀。鸡妈妈就是用自己的体温、用

自己的身体一天天将小鸡孵出来的啊。"

"原来是这样啊，那真是太有趣了。"爱迪生拍拍大脑袋，一脸恍然大悟的表情，然后匆匆地推开门跑了出去。

到了吃中午饭的时候，爱迪生还没有回来。妈妈很着急，一家人开始四下寻找。一直到傍晚时分，大家才发现这个小家伙竟然在院子里鸡舍旁边做了"窝"，里面放了几个鸡蛋，他正小心翼翼地趴在鸡蛋上，一动也不动。

妈妈看着专心致志的他问："孩子，你在做什么呢?"

"我在孵小鸡呢!"爱迪生冲妈妈嘘了一声，一本正经地回答。

　　这时候，一家人笑得前仰后合，都快直不起腰了，想不到爱迪生居然饿着肚子、从早到晚趴在鸡蛋上，整整"孵"了一天。

　　这是一个非常有趣的故事：爱迪生得知母鸡在孵小鸡时，学着母鸡的样子趴在草堆里孵小鸡。这个看似可笑的行为，充分体现了他善于观察、善于思考、敢于实践的优秀品质。就是如此浓厚的兴趣以及超人的耐心，成了爱迪生一生事业成功的重要因素。

普利斯特里
——气体化学之父

普利斯特里是英国著名的化学家，被称为"气体化学之父"。

在普利斯特里刚毕业时，他的职业是牧师，化学是他的业余爱好。他在化学、电学、自然哲学、神学等方面都有很多著作。他写了许多自以为得意的神学著作，然而使他名垂千古的却是他的科学著作。

普利斯特里在31岁时写成了《电学史》一书。因为本书的缘故，他当选为英国皇家学会会员。

普利斯特里对气体的研究是颇有成效的。尤其是在他对化学气体方面的研究，由于他对气体研究的卓著成就，所以他被称为"气体化学之父"。

利斯·迈特纳

利斯·迈特纳是奥地利著名的物理学家，她发现了具有决定意义的核裂变。但是，诺贝尔奖却授给了她的合作者奥托·哈恩。

利斯曾经在德国攻读博士学位，在柏林获得博士学位后，利斯结识了与她同岁的爱因斯坦。当时，爱因斯坦经常光顾诺贝尔奖获得者、物理学家马克斯·普朗克的住所，普朗克弹奏钢琴，爱因斯坦演奏小提琴，他们共同组成了一个室内乐队，利斯经常受邀出席。

　　后来，在与哈恩合作研究放射性的过程中，两人共同发现了"镤"并予以命名。在侄子弗里施的帮助下，利斯发现铀原子核在受中子轰击后分解出氪和钡，并产生大量能量。利斯称这一过程为"核裂变"。这一成果最初由哈恩公布于众，并因此获得了诺贝尔奖，利斯拒绝出席颁奖仪式。

　　美国很快得知了这一研究成果，由于当时处于战争时期，美国开始实施了曼哈顿计划，并最终制造出了原子弹。

较真儿的巴特劳特

德国科学家巴特劳特是一个爱较真儿的人，他也特别喜欢中国北宋文人周敦颐《爱莲说》中的名句"出淤泥而不染"。

他想不通，为什么莲会"出淤泥而不染"呢？为了弄清原因，他特意做了个试验：将炭黑撒到莲叶上，再用喷壶洒水。果然，污物和着水珠一同滚落，莲叶洁净如初。试验结束后，巴特劳特给自己定下一个目标：要让这一现象变成生活中的实际应用。

　　于是，他开始了进一步的实验，他从显微镜里观察到，莲叶表面是许多乳头状的小包，包上有一层很薄的蜡膜，污物只能停留在小包的顶端，因此很容易被水珠带走。根据这一发现，巴特劳特发明了用于汽车或建筑物表面的"自洁薄膜"，可使灰尘很容易被雨水冲洗干净。

　　今天，这种"自洁薄膜"已被广泛应用。

　　因为较真儿，人生有了目标，才有可能成功。

97

伏特发明电池

　　伏特是意大利帕维亚大学研究电学的物理学家。他的名字我们可以在生活中找到，电压的单位便是伏特，汽车的电池也是"伏特电池"。那么伏特是怎么发明"伏特电池"的呢？

　　有一天，伏特看了一位名叫加伐尼的解剖学家的论文，说动物肌肉里贮存着电，可以用金属接触肌肉把电引出来。看了这篇论文，伏特决定亲自来做这个实验。他用许多只活青蛙反复实验。结果发现，实际情况并不像加伐尼所说的那样是动物肌肉里贮存着电，而是两种

不同的金属接触产生的电流，使蛙腿的肌肉充电而收缩。

　　为了证明自己的发现，伏特决定了解电的来源。他又做了大量的实验和研究，经过反复实验，终于发明了被后人称做"伏特电堆"的电池，这就是在铜板和锌板中间夹上卡纸和用盐水浸过的布片，一层一层堆起来的蓄电池。

祖冲之的故事

祖冲之是南北朝时代南朝的科学家，他推算的圆周率比欧洲早了一千多年，他编制的《大明历》首次考虑到岁差问题。不过，估计你很难想象，这个伟大的科学家小时候却是个让父母头疼的孩子。

祖冲之的爸爸祖朔之是个小官员，他望子成龙心切，在祖冲之9岁的时候，就让他背诵经书，但祖冲之对这些经书毫无兴趣，经常挨训。一天爸爸又训斥他的时候，他的爷爷来了，问清原委后，爷爷说道："不能怪孩子，做大人的，要

　　细心观察孩子的兴趣，加以引导，说不定他做别的事情很灵巧呢。"

　　祖朔之听从了爸爸的建议，不再对祖冲之加以限制，还建议爸爸带祖冲之到处走走。在跟爷爷一起的日子，祖冲之的问题特别多，如"为什么每月十五的月亮一定会圆"等，爷爷耐心地进行了讲解，祖冲之越听越觉得有趣。爷爷在讲解的过程中发现孙子对天文历法很有兴趣，就多找了些相关书籍叫他看。

　　祖朔之也渐渐地改变了对儿子的看法，还不时地和他一起研究天文知识。这样，祖冲之对天文历法的兴趣越来越浓了。后来，祖朔之还给儿子引荐了当时一位很有名气的天文历法专家，十几岁的祖冲之经常找专家学习。历经数载，祖冲之终于成为了一名杰出的科学家。

101

科学家有他的祖国

——巴斯德

巴斯德是19世纪法国一位杰出的科学家，更是微生物学的奠基人。

巴斯德发明了传染病预防接种法，为人类和人类饲养的家畜、家禽防治疾病作出了巨大的贡献。

由于在科学上的卓越成就，使得他在整个欧洲享有很高的声誉，德国的波恩大学郑重地把名誉

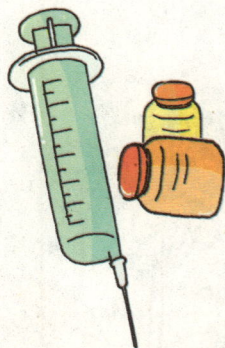

学位证书授予了这位赫赫有名的学者。

但是，普法战争爆发后，德国强占了法国的领土，出于对自己祖国的深厚感情和对德国侵略者的极大憎恨，巴斯德毅然决然地把名誉学位证书退还给了波恩大学，他说："科学虽没有国界，但科学家却有自己的祖国。"这掷地有声的话语，充分表达了一位科学家的爱国情怀，并因此而成为一句不朽的爱国名言。

瓦特的故事

　　瓦特是英国著名的科学家，他发明、改良了蒸汽机，将人类带入了"蒸汽时代"。幼年的瓦特就是一个经常沉迷于问题之中的孩子。

　　有一次，家里人全出去了，只留下瓦特一人看门。他呆呆地看着炉子上烧水的茶壶。水快烧开的时候，壶盖被蒸汽顶了起来，一上一下地掀动着。

　　瓦特被这一幕惊住了，心想：这蒸汽的力量好大啊。如果

能制造一个更大的炉子，再用大锅炉烧开水，那产生的蒸汽肯定会比这个多几十倍、几百倍。用它来做各种机械的动力，不是可以代替许多人力吗？小瓦特只是在那时候这样设想过，真正试制蒸汽机，却是后来的事情。

小瓦特为搞发明创造，发愤学习科学知识。在大量试验的基础上，瓦特经历了无数次失败，终于制成了一台单缸单动式蒸汽机，并且获得了第一台蒸汽机的专利权。

第一台蒸汽机的发明极大地鼓舞了瓦特。后来，他又研制成功了一种新式双向蒸汽机，它可以广泛地应用在各种机器上；1788年，英国政府正式授予瓦特制造蒸汽机的专利证书。

后来，瓦特的蒸汽机被用于纺织业、冶金业和采矿业，到了19世纪30年代，蒸汽机推向了全世界，从此,人类社会进入了"蒸汽时代"。造福于人类的发明家瓦特将永远被后人敬仰。

霍金的故事

　　史蒂芬·威廉·霍金是当代最重要的广义相对论和宇宙论家，是21世纪享有国际盛誉的伟人之一，被称为在世的最伟大的科学家，还被称为"宇宙之父"，被誉为继爱因斯坦之后世界上最著名的科学思想家和最杰出的理论物理学家。

　　霍金的生平是非常富有传奇性的，在科学成就上，他是有史以来最杰出的科学家之一。

　　他因患"渐冻症"，被禁锢在一把轮椅上达40年之久，但他

时间简史

却身残志坚，经过不懈努力克服了残疾之患而成为国际物理界的超新星。他不能写，甚至口齿不清，但他超越了相对论、量子力学、大爆炸等理论而迈入创造宇宙的"几何之舞"。

迷路的爱因斯坦

爱因斯坦是世界著名的科学家，他被誉为"20世纪最伟大的科学家"。但是就是如此聪明的人，也会经常闹笑话。

有一天，爱因斯坦在回家时，边走边想问题，不知不觉走到了一个陌生的地方。

当他回过神来时，却发现自己已经迷路了。在问别人路时，却偏偏忘了自己家的住址。幸好他还记得他的办公室的电话号码，随即，爱因斯坦就往办公室打了一个电话。

　　他怕秘书笑话，就假装别人询问："请问，爱因斯坦的家住在哪里？"秘书没有听出是爱因斯坦的声音，就说："对不起，爱因斯坦博士不愿别人打扰，他的家庭地址是不能奉告的。"这时爱因斯坦不得不说："我就是爱因斯坦呀。"他的话使秘书大吃一惊，连忙告诉了爱因斯坦地址，他才回了家。

宇航之父

——齐奥尔科夫斯基

齐奥尔科夫斯基是俄国著名的航天学家。

齐奥尔科夫斯基10岁时，因为一场大病丧失了听力，从此辍学在家，刻苦自学。他很善于思考，还喜欢自己动手做各种各样的实验，幻想着有一天能像鸟儿一样自由自在地在天空飞翔。

后来，齐奥尔科夫斯基写成了《乘火箭探测宇宙》的论文，首先提出火箭是人类飞出地球的手段。

尽管他从理论上打开了宇宙航行的道路，后来的实验也证明了他的理论和计算的正确性，但在当时他却看不到任何实现他的设想的曙光。

俄国十月革命后，在前苏维埃政府的支持下，他又开始努力写作品和研究。他研究过喷气火车、改造沙漠，写出了600多篇论文和科普作品。他对平流层探测和行星飞行的贡献尤有价值。

在齐奥尔科夫斯基去世的时候，他临终前留下遗嘱，把毕生的著作全部捐献给了国家。

达尔文探索生物链

1843年暮春的一天，在离英国伦敦十多千米的一个名叫唐恩的小镇里，走出一个30岁出头的青年人，他就是生物学家达尔文。

这天天气晴朗，一些美丽的蝴蝶和蜜蜂在开满鲜花的田野里飞来飞去。达尔文径直向一片开满了粉红色花朵的三叶草田里走去，他是来对田野里的各种植物进行

观察、分析和研究的。在观察中，他发现有土蜂在花朵上面吸食花蜜。一连观察几天，他都发现了许多土蜂。这年三叶草获得了丰收。

第二年春天，达尔文又去观察，一段时间过去了，他发现，这年的土蜂特别少。他有意地关注三叶草的收成，结果，这年的三叶草还真歉收了。他意识到三叶草的收获与土蜂有密切联系。土蜂为什么少了呢？于是，达尔文对土蜂进行了观察，很快他发现许多土蜂窝被老鼠破坏了。他明白了，老鼠的多少决定了土蜂的繁殖量。很显然，老鼠的多少又取决于猫的多少。

三叶草、土蜂、老鼠和猫这几种看来根本毫不相干的植物和动物之间，原来还存在着这样有趣而又复杂的关系。达尔文就这样根据生物之间相互制约、相互依存的关系，经过进一步深入的观察和研究，终于写出了《物种起源》等伟大著作，成为19世纪世界杰出的科学家和生物进化论的奠基人。

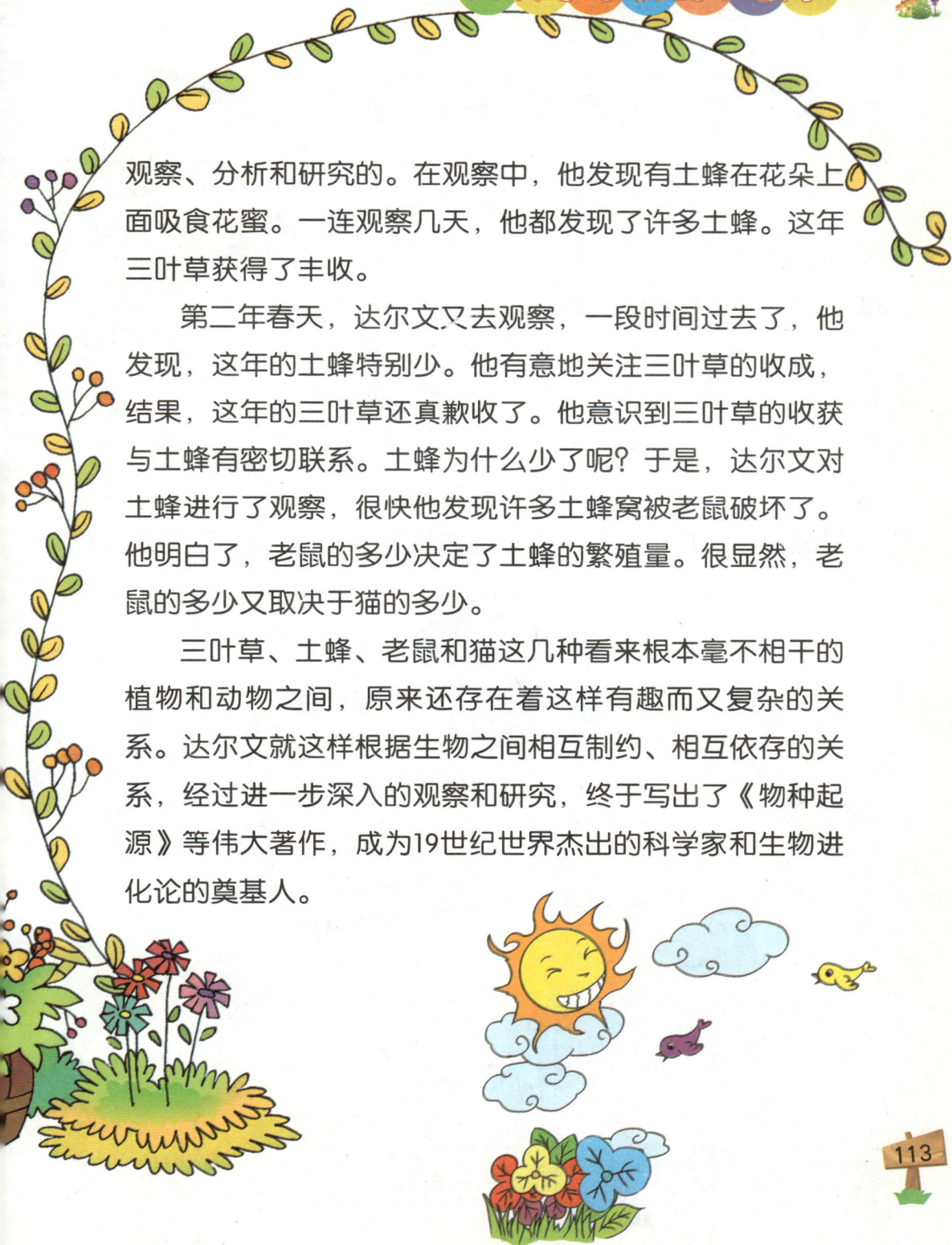

巴甫洛夫的故事

　　巴甫洛夫是俄国著名的科学家，当他读了达尔文的《物种起源》这本书之后，就立志走上献身自然科学的道路。

　　在科学的道路上，他进行了一项著名的实验：在一只狗的脖子上开一个口子，把食管切断。然后，把这两个断头接到皮肤外头来。这样，食管被切断后，给狗喂食物时，食物不会进到胃里，而是从切口处掉到了外面。通过这个实验，巴甫洛夫发现，食物虽然不能到达胃

里，可是胃液还是分泌了出来。

　　这个实验告诉人们：胃液的分泌不是食物刺激的结果，而是食物刺激了口中的味觉神经，味觉神经将信号传达到了大脑，大脑控制着胃液的分泌。由于巴甫洛夫的这项研究揭示了消化生理的详细情况，因而获得了1904年的诺贝尔医学与生理学奖。

　　不仅如此，巴甫洛夫还发现了条件反射。食物刺激口中的神经导致胃中的一系列反应，也被称为无条件反射。这就像灰

尘落进眼睛里，人就会眨眼一样，是与生俱来的反射，不需要任何训练就会产生。那什么是条件反射呢？

科学家巴甫洛夫进行了这样一项实验：在给狗喂食之前，打开电灯。这时狗是不会流唾液的。可是，在打开灯以后，紧接着给狗喂食，它的唾液就流了出来。以后，凡是给狗喂食的时候，就打开电灯，也就是让灯光和食物同时出现。这样重复多次以后，只要灯光一亮，即使没有食物，狗也会流出口水来。狗已经把灯光同食物的出现联系了起来，所以，对灯光像对食物一样起反

应，这就是条件反射。

巴甫洛夫经过深入细致的研究，证明了条件反射是高级神经活动的基本形式。他创立了条件反射学说，也就是高级神经学说。他的研究弄清了许多复杂的问题，对生理学和医学都是巨大的贡献。

巴甫洛夫在86岁时，写下了一份遗嘱。这个遗嘱不是写给他的子女的，而是把自己的经验和希望留给献身科学事业的青年。他在遗嘱里这样写道："科学要求人们花费毕生的精力。即使你有两倍的寿命，仍然是不够用的。"

牛顿与万有引力

　　牛顿是英国科学家。他发现了万有引力定律，建立经典力学的基本体系，在光学、热学、天文学方面都有创造性的贡献，在数学方面又是微积分的创始人之一。那么小朋友们可知道关于牛顿发明万有引力定律的故事？这跟一个落地的苹果有关系。

　　三百多年前的一天晚上，牛顿正在花园里观赏月亮。他仰望着那镶着点点繁星的苍穹，思索着为什么月亮会绕着地球运转而不会掉落下来。

　　忽然，有个东西打在了他的头上，这并不很重的一击，把他从沉思中惊醒。他低头一看，原来，是一只熟透的大苹果从树上掉落下来。

他捡起苹果，又一次陷入了沉思：为什么苹果不落向两旁，不飞向天空，而是垂直落向地面？这一定是地球有某种引力，把所有的东西都引向地球。牛顿眼前一亮，苹果是如此，那么月亮也一定是这样了，月亮是在地球的引力下，才会做高速旋转的。因为有引力，使它不能远离地球；因为有速度，使它不会像苹果一样掉落下来。

夜渐渐地深了，牛顿手中拿着苹果，开心地笑了。就在这一年，牛顿发现了万有引力，这一年他才24岁。

不爱金钱的科学家

卡文迪许是英国物理学家、化学家。

卡文迪许的主要贡献有：在科学界首先制得氢气，并研究了氢气的性质，用实验证明它燃烧后生成水。

通过扭秤实验，验证了万有引力定律，从而确定了引力常量与地球的平均密度。

他还发现了电容率，揭示了静电荷是束缚在导体表面上的这一事实。他引人注意的工作还有关于鱼雷鱼的研究，即通过自己制造的人工鱼来模仿鱼的电学性状。

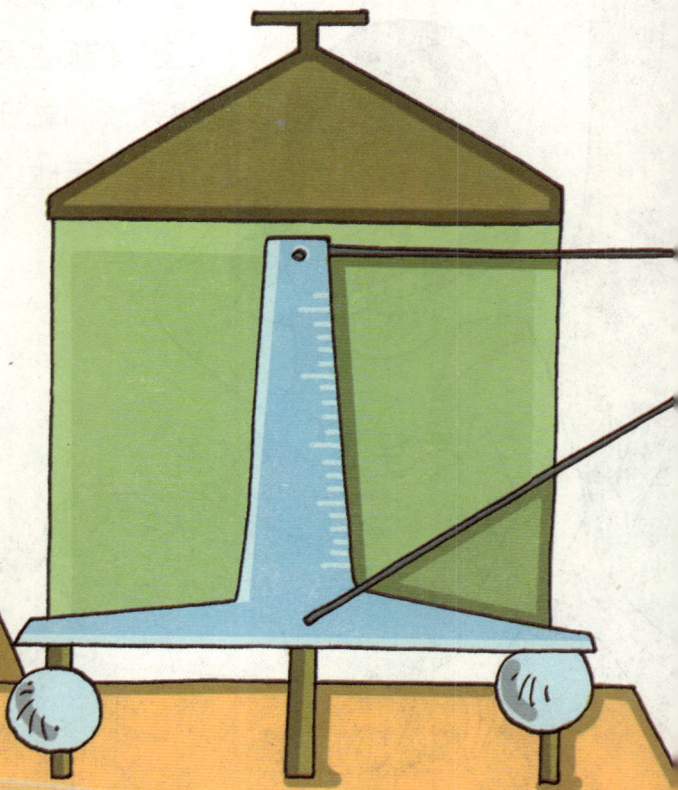

卡文迪许生前发表了18篇论文，学术价值都很高。由他的学生及朋友整理出版的遗稿，分化学、物理两卷，包括极有价值的实验记录和真知灼见。

卡文迪许终身未娶，把全部精力奉献给了科学事业。为纪念这位伟大的化学家，由他的家族捐献3万多英镑，在剑桥成立了世界著名的卡文迪许实验室。后来，这里成为英国科学家的摇篮，培养出许多杰出的科学家。

爱好歌剧的费雪

埃米尔·费雪是德国著名的化学家。埃米尔非常热爱他的事业，不过，美中不足的是，试验中难免有臭烘烘的化学气味，好在我们的埃米尔"爱屋及乌"，根本不在乎这种味道。

在德国，很多人都喜欢听音乐会或看歌剧，费雪也是一位歌剧爱好者。一天，正好城里有歌剧演出，实验结束后费雪把实验室收拾好，就动身前往歌剧院。

他一进歌剧院就发现一些人离他远远的，他没有在意，开始找自己的座位。找到座位，刚一入座，周围的观众就表现出了异样。

　　开始时是相互交头接耳，继而好像有人发出了什么命令似的，大家都不约而同地掏出手绢捂住鼻子，像躲避瘟疫一样扭转身子，还有人想逃离座位。

　　终于有人受不了了，大声叫道："哪里来的臭气？谁把这个刚从马棚里出来的马夫放进剧场来了！"

　　这时费雪才如梦初醒，原来是自己给观众带来了极大的不便，他忙站起身来，赶快离开了剧场。费雪有点懊丧，看来歌剧是看不成了。但是为了科学研究，这点牺牲算不了什么。

侯德榜的故事

侯德榜，中国著名化工专家，中国化学工业的先驱者之一。他最著名的成就是发明了"侯氏制碱法"。

抗日战争全面爆发后，国内急需纯碱，侯德榜十分心急，于是，他立刻组织人手，夜以继日地进行研究。这项事关抗日大计的研究，在大家的努力下很快就取得了成果。

这种制碱方法克服了西欧氨碱

法废液的排放，将纯碱的生产与合成氨联合起来，充分利用合成的氨和二氧化碳，在生产过程中加入优质盐，便可得到氯化铵和纯碱。

后来，侯德榜发明的制碱新工艺被命名为"侯氏制碱法"。1943年12月，中国化学学会第十一届年会授予侯德榜"中国工程学会一届化工贡献最大者奖"，表彰他为抗日工业生产所作出的杰出贡献。

125

巴斯德的故事

法国微生物学家和化学家巴斯德热衷于搞实验，是一位非常喜欢研究的科学家。但巴斯德在生活上却总是颠三倒四，起居失常，人们称他为"疯子"。

"疯子"巴斯德结婚那天，家里宾客盈门。新娘玛丽小姐在父母的陪同下早早来到举行婚礼的教堂。当牧师宣布仪式开始后，大家的眼光都闪出个问号：怎么不见新郎的影子呢？

人们四下寻找，都失望而归。玛丽小姐受到这样的冷遇，伤心地哭了起来。最后还是巴斯德的一位好朋友在实验室里找到了他。原来巴斯德正在进行一项实验，朋友问他："喂，难道你忘了今天是什么日子？"

　　巴斯德回答道："绝对没有忘，先生。可是我不能中断我的实验，你看，它就要成功了。"

　　这样，一直到实验结束，他才跑着赶到结婚大厅，甚至连衣服都没来得及换。玛丽小姐虽然感到伤心，但她不正是因为爱慕巴斯德为科学献身的精神才决心嫁给他的吗？所以她原谅了自己的丈夫。

近代化学之父道尔顿

　　道尔顿是英国化学家、物理学家，同时还是第一个发现色盲症的科学家。

　　由于家境贫困、子女众多，道尔顿从12岁读完小学后就被迫中途辍学，但他自学成才，道尔顿从气象观测开始，经物理学领域最后进入化学世界并在那里开花结果。他于1803年起创立了科学原子论，为人们探索物质结构的奥秘提供了一个研究

中心，为化学发展开辟了一个新时代。

科学原子论的广泛传播，引起了国际学术界和爱好科学的人们对道尔顿的崇敬和爱戴。

从1808年起，道尔顿被推荐为英国皇家学会会员、曼彻斯特文学哲学学会会员、法国巴黎皇家科学院通讯院士、德国慕尼黑皇家科学院院士、俄国莫斯科帝国自然史学会会员等。革命导师恩格斯曾高度评价道尔顿的杰出贡献，赞誉他为"近代化学之父"。

原子论

茅以升的故事

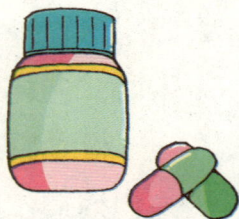

　　茅以升是我国著名的桥梁专家，他小的时候，家乡南京秦淮河上每年都会举行赛龙舟比赛。

　　有一年，他和小伙伴约好一块儿到河畔看龙舟比赛。但是前一天，茅以升生病了，所以只好在家休息，没法看比赛。

　　晚上，小伙伴回来了，一个个无精打采，眼泪盈眶。原来秦淮河上出了事。由于看龙船的人太多，把一座叫做文德桥的古老拱桥给挤塌了，许多人掉到河里淹死了。

　　茅以升直愣愣地望着天花板，好半天才说出一句话来："我长大了一定要学会造桥，为大家造最结实的桥！"

因为这件事，茅以升立志成为一位桥梁专家。他的头脑几乎被桥占据了，出门只要见到桥，总要上上下下看个仔细；读书读到有关桥的内容，就立即将其抄在本子上。他收藏的各种桥的图画、照片，更是数不胜数。因为这个，他还得了个"小桥迷"的绰号呢！

后来，茅以升经过不懈的努力，建成了我国第一座现代化大桥——钱塘江大桥。

131

卡皮察的故事

　　1894年6月26日，在俄国科特林岛一个军事工程师的家庭里，一个名叫彼得·列昂尼多维奇·卡皮察的孩子降生了。这个孩子的父亲博学多才，母亲也是位很有学问的女性。由于受到良好的家庭环境影响，卡皮察自幼便勤奋好学，爱好广泛。不过，最让他钟情的，还是物理学。

　　卡皮察在英国期间，还流传过这样一则趣闻。

　　一家工厂请卡皮察去检修一部发动机，许诺修好后付酬金

1000英镑。他先检查了一下机器，然后叫人拿来一把榔头，拿起榔头对准主轴承敲了一下，机器就能运转了。

这时，厂家后悔了：敲一下，就值1000英镑？卡皮察风趣地说："敲一下，付1英镑就行了，另外999英镑，是因为要知道应该敲在哪个部位上。"

在卡皮察看来，物理学本身就是一门伟大的艺术，有着魔术般的魅力。虽然在他的一生中物理学一直占据着崇高的地位，但这并不妨碍他去了解其他领域的知识，而正是这些看似无关紧要的知识，对他的物理学研究产生了至关重要的影响。

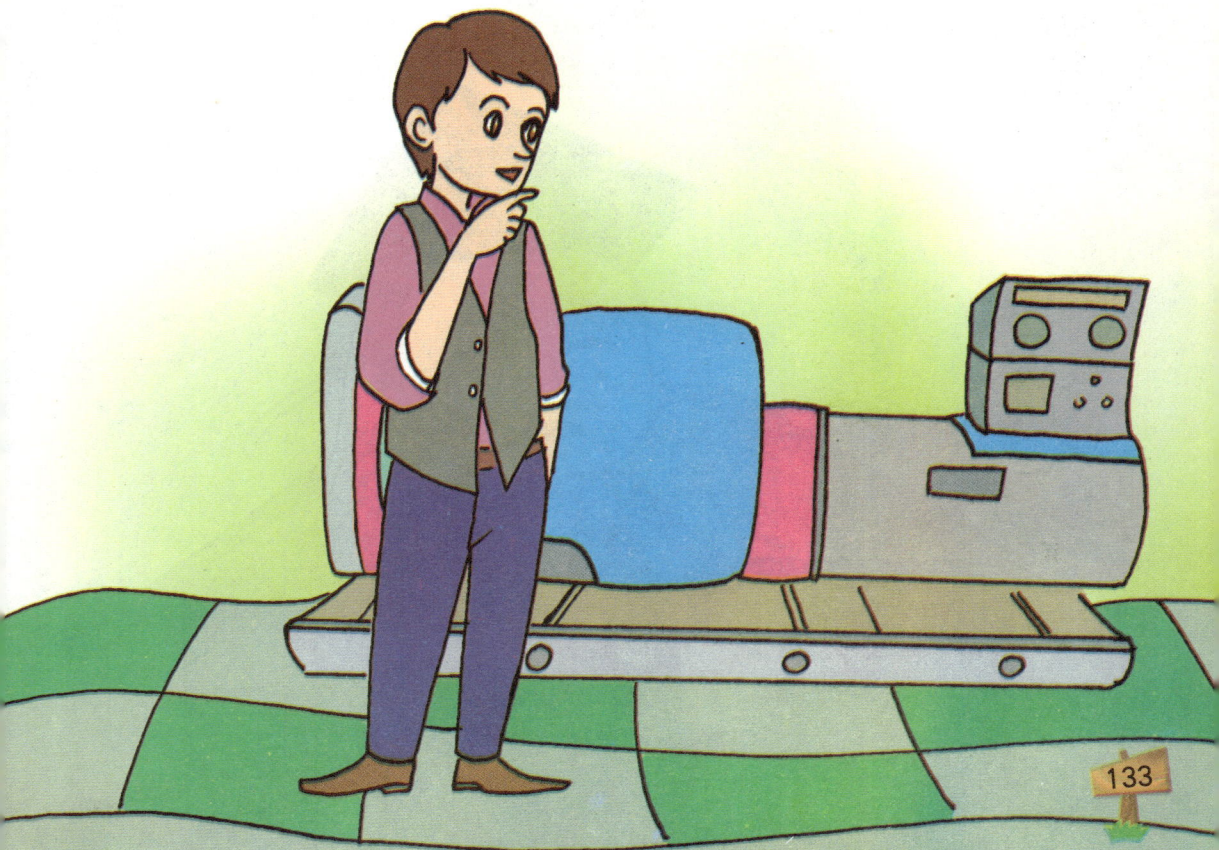

詹天佑的故事

　　詹天佑是我国最早的杰出的铁道工程专家，幼年时期作为中国第一批留学生出国，获得美国耶鲁大学学士学位。在大学的四年中，詹天佑刻苦学习，以突出的成绩在毕业考试中名列第一。1881年，在120名回国的中国留学生中，获得学位的只有两人，詹天佑就是其中的一个。

　　回国后，清政府任命詹天佑为总工程师，修筑从北京到张家口的铁路。原来从南口往北过居庸关到八达岭，这条路穿山越岭，全长200千米，地势险要，一路都是高山深涧、悬崖峭壁。

外国人认为这是不可能完成的任务。他们认为，这样艰巨的工程，连各国著名的工程师也不敢轻易尝试，更何况技术落后的中国人呢。

有一家外国报纸轻蔑地说："能在南口以北修筑铁路的中国工程师还没有出世呢。"

但是，在詹天佑的不懈努力下，铁路不满四年就全线竣工了，比原来的计划提早两年，总费用只有外国承包商索价的五分之一，这件事给了藐视中国的外国人一个有力的回击。今天，我们乘火车去八达岭，路过青龙桥车站，可以看到一座铜像，就是詹天佑。许多到中国来游览的外宾，看到詹天佑修建的京张铁路，都赞叹不已。

宽容的科学家

　　18世纪的法国科学家普劳斯特和贝托莱是一对论敌，他们对定比定律的争论长达八年之久，各执一词，谁也不让谁。最后的结果，是以普劳斯特的胜利而告终，普劳斯特成为了定比这一科学定律的发明者。

　　但普劳斯特并末因此而得意忘形，据天功为己有。他真诚地对曾激烈反对过他的论敌贝托莱说："要不是你一次次地质难，我是很难深入地研究这个定比定律的。"

维蒂希的故事

德国著名的化学家维蒂希，1916年毕业于蒂宾根大学，1923年获马尔堡大学哲学博士学位。1932年任马尔堡大学教授。

维蒂希因研究硼化物和磷化物作为有机合成中重要试剂的成果，与美国化学家赫伯特·布朗同获1979年诺贝尔化学奖。在立体化学、烃化学、炔化学、阴碳离子研究上维蒂希也取得不少成果。他发明的一种蒸馏烧瓶，被称为维蒂希烧瓶。

除诺贝尔奖外，维蒂希还获得过海德堡科学院、格廷根科学院、美国化学会、赫尔辛基大学的奖金。

合成剂

毕升发明活字印刷术

毕升发明的活字印刷术是我国古代的四大发明之一。

早先印书，都是把字刻在整块整块的木板上印，不但费力，而且十分麻烦。听说师兄毕升发明了活字印刷，印刷效率一下子提高了几十倍，师弟们纷纷前来取经。

毕升先将细腻的胶泥制成小型方块，一个个刻上凸面反手字，再用火烧硬，按照一定的顺序分别放在木格子里。然后在一块铁板上铺上黏合剂（松香、蜡和纸灰），按照字句段落将一个个字印依次排放，再在四周围上铁框，用火加热。待黏合剂稍微冷却时，用平板把版面压平，完全冷却后就可以印刷了。印完后，把印版用火一烘，黏合剂熔化，拆下一个个活字，留着下次排版再用。

师弟们禁不住啧啧赞叹。一位小师弟说："《大

藏经》五千多卷，雕了13万块木板，一间屋子都装不下，花了多少年心血！如果用师兄的办法，几个月就能完成。师兄，你是怎么想出这么巧妙的办法的？"

"是我的两个儿子教我的！"毕升说。

"你儿子？怎么可能呢？他们只会玩'过家家'。"

"你说对了！就靠这'过家家'。"毕升笑着说，"有一天，两个儿子玩'过家家'，用泥做成了锅、碗、桌、椅、猪、人，随心所欲地排来排去。我的眼前忽然一亮，当时我就想，我何不也来玩'过家家'，用泥刻成单字印章，不就可以随意排列，排成文章吗？哈哈！这不就是儿子教我的吗？"

师兄弟们听了，也哈哈大笑起来。

"但是这过家家，谁家孩子都玩过，师兄们都看过，为什么偏偏只有你发明了活字印刷呢？"还是那位小师弟问道。

过了好一会儿，师傅开了口："在你们师兄弟中，毕升最有心。他早就在琢磨提高工效的新方法了！冰冻三尺非一日之寒啊。"师兄弟们茅塞顿开。

海王星的发现

伽勒是德国的天文学家。我们知道，太阳系中有八大行星，其中的海王星就是伽勒发现的，关于海王星的发现，还有一个有趣的故事。

自从英国天文学家赫歇尔发现太阳系第七颗行星天王星之后，科学家们便开始研究天王星运行的轨道，在后来的研究过程中发现，在天王星的外面还有一颗行星在吸引着天王星。但是，这颗行星究竟在哪里，人们还不得而知。

后来，法国巴黎工科大学的青年教师勒威耶，在利用工作之余从事天文学研究，用计算方法推算出了这颗行星的位置。

勒威耶写信把推算的结果告诉了在德国柏林天文台的伽勒。伽勒经过研究和观察发现，在勒威耶所说的位置上，真的有一颗新的行星。

后来，这颗行星被命名为"海王星"，它就是在太阳系中发现的第八颗行星。

杨振宁的故事

杨振宁是我国著名的物理学家，曾获得诺贝尔物理学奖。杨振宁是一位十分有同情心的人，他时常关注身边的小事，所以，颇受人们的尊重和敬仰。

20世纪80年代中期的一天，杨振宁在香港乘坐出租车时，女司机向他请教说，她的儿子前一年考入复旦大学物理系，一直想出国深造；最近

儿子通过美国一个机构联系了一所不知名的大学，需要花七到八万港币，应当怎么办？

到目的地后，杨振宁给女司机的儿子写了一封信。信中说，我叫杨振宁，我有两点看法：一、复旦大学是第一流的大学，你在复旦比在美国任何本科念物理都要好。二、因为复旦在美国很有名气，你毕业后，无论是公费还是自费去，很多美国大学都会接受你做研究生，并提供助教的位置，我认为这是你学物理最好的捷径。如果现在随便进一所国外的大学，对你没有一点益处。

第七届国际中国科学史会议在深圳举行前夕，担任大会秘书长的王渝生收到了杨振宁自香港中文大学发来的一份亲笔传真信，信中说："我定于1月15日下午4时半在罗湖口过海关，请在过海关后右边第一个卖茶叶蛋的摊头同我见面。"

杨振宁是应大会组委会主任路甬祥和席泽宗之邀，专程来深圳出席会议的。一位世界著名的科学家、诺贝尔奖获得者、年愈古稀的老人，竟然如此不拘礼节地以一个普通与会者的身份，自己步行自香港过海关到深圳来。王渝生在接到电传后，内心深受感动。

"熊氏无穷数"

——熊庆来的故事

熊庆来是我国著名的数学家，他是华罗庚的老师，熊庆来主要从事函数论方面的研究，定义了一个"无穷级函数"，国际上称为"熊氏无穷数"。

熊庆来不仅热衷于数学研究，还是一位伯乐。偶然的一次，他从学术杂志上发现了华罗庚的名字，当他了解到华罗庚的自学经历和数学才华以后，毅然打破常规，请只有初中文化程度的华罗庚到清华大学工作。在熊庆来的培养下，华罗庚后

来成为著名的数学家。我国许多著名的科学家都是他的学生。在70多岁高龄时，他虽已半身不遂，但仍抱病指导两个研究生，他们就是青年数学家杨乐和张广厚。

熊庆来爱惜和培养人才的高尚品格，深受人们的赞扬和敬佩。熊庆来在南京大学当教授时，发现一个叫刘光的学生，熊庆来经常指点他读书、研究。后来，他和另一位教授，两人资助刘光出国读书，甚至卖掉了自己的棉袄来资助他。刘光后来成为著名的物理学家，并时常提起熊庆来。熊庆来发现和培育人才的故事被广为流传。

147

李政道的故事

李政道和杨振宁两人共同获得诺贝尔物理学奖，是我国著名的物理学家。20岁的李政道进入芝加哥大学的时候，就曾经暗下决心，不在学术上取得成就就不成家。

毕业后，李政道在约克斯天文台工作，虽只有8个月的时间，但李政道却取得了重要的成果。半年之后，李政道离开了约克斯天文观察站去伯克利加州大学工作，担任物理系的助教，做研究工作。

当时，正值朝鲜战争爆发，美国加州反华气焰嚣张，焚烧唐人街、迫害华人的事件接连发生。加州政府甚至制定了歧视华人

的法律条例。李政道夫妇开始住在都朗旅馆里，但是，当他们尝试去租房的时候，却遇到了明显的歧视。没有人愿意出租房子给他们，因为他们是华人。

后来，他们只好住进了加州大学已婚学生宿舍，那是一种很小的公寓式住宅。后来，加州大学要给李政道一个讲师的位子，但是要经过忠诚宣誓，从十个人中间选择一个。学校认为，像这样的工作职位，再没有别的单位会给他。但是，李政道认为这是一种政治歧视，拒绝了这个职位。

为了能让自己的才能得以发挥，李政道夫妇来到了著名学府普林斯顿高等研究院，住进了学院的公寓，从此开始了通向诺贝尔奖的科研之路。

帕斯卡的故事

在日常生活中，我们经常看到，没有灌水的水龙带是扁的。水龙带接到自来水龙头上，灌进水，就变成圆柱形了。如果水龙带上有几个眼，就会有水从小眼里喷出来，喷射的方向是向四面八方的。水是往前流的，为什么能把水龙带撑圆？

早在几百年前，著名的科学家帕斯卡就注意到这类现象，帕斯卡从小就凡事好问为什么，而且爱通过实验来提出自己的新见解。他想，也许水对四面八方都有压强吧？

液压机.

　　于是他首先设计了一个实验，那就是"帕斯卡球"实验。帕斯卡球是一个壁上有许多小孔的空心球，球上连接一个圆筒，筒里有可以移动的活塞。把水灌进球和筒里，向里压活塞，水便从各个小孔里喷射出来了，成了一支"多孔水枪"。

　　帕斯卡球的实验证明，液体能够把它所受到的压强向各个方向传递。水龙带灌满水以后变成圆柱形，就是因为水龙带里的水把自来水里的压强传递到了带壁的各个部分的结果。

细心的帕斯卡并没有就此结束他的研究。他又多次做实验，研究哪个孔喷出去的水最远。结果发现，距离都差不多。这说明，每个孔所受到的压强都相同。

认真的观察使帕斯卡发现了液体传递压强的基本规律，这就是著名的帕斯卡定律。所有的液压机械都是根据帕斯卡定律设计的，所以帕斯卡被称为"液压机之父"。上海重型机械厂有一台水压机，它能把一个将近百吨重的钢锭像揉面团一样揉来揉去。